Gringo na Laje

FGV EDITORA

FGV de Bolso
Série Turismo

Gringo na Laje

Produção, circulação e consumo da favela turística

Bianca Freire-Medeiros

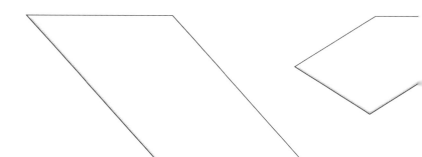

ISBN: 978-85-225-0741-2

Copyright @ 2009 Bianca Freire-Medeiros

Direitos desta edição reservados à
EDITORA FGV
Rua Jornalista Orlando Dantas, 37
22231-010 – Rio de Janeiro – RJ – Brasil
Tels.: 08000-21-7777 – 21-2559-4427
Fax: 21-2559-4430
e-mail: editora@fgv.br
web site: www.fgv.br/editora

Impresso no Brasil/ *Printed in Brazil*

Todos os direitos reservados. A reprodução não autorizada desta publicação,
no todo ou em parte, constitui violação do copyright (Lei nº 9.610/98).

Os conceitos emitidos neste livro são de inteira responsabilidade da autora.

Este livro foi editado segundo as normas do Acordo Ortográfico da Língua Portuguesa,
aprovado pelo Decreto Legislativo nº 54, de 18 de abril de 1995, e promulgado pelo Decreto
nº 6.583, de 29 de setembro de 2008.

1ª edição – 2009

Coordenadores da Coleção: Marieta de Moraes Ferreira e Renato Franco
Preparação de originais: Temas e Variações Editoriais
Revisão: Temas e Variações Editoriais
Editoração eletrônica: Thaís de Bruÿn Ferraz e Temas e Variações Editoriais
Projeto gráfico: Dudesign
Capa: Dudesign

Ficha catalográfica elaborada pela
Biblioteca Mario Henrique Simonsen/FGV

Freire-Medeiros, Bianca

Gringo na laje: produção, circulação e consumo da favela
turística / Bianca Freire-Medeiros. - Rio de Janeiro : Editora
FGV, 2009.
164 p. - (Coleção FGV de bolso. Série Turismo)

Inclui bibliografia.
ISBN: 978-85-225-0741-2

1. Turismo - Rocinha (Rio de Janeiro, RJ). I. Fundação
Getulio Vargas. II. Título. III. Série.

CDD – 918.153

Para minha filha Alyssa, pelos seus onze anos de vida.

Se nossa vida fosse dominada por uma busca de felicidade, talvez poucas atividades fossem tão reveladoras da dinâmica dessa demanda – em todo o seu ardor e seus paradoxos – como nossas viagens. Elas expressam – por mais que não falem – uma compreensão de como poderia ser a vida, fora das restrições do trabalho e da luta pela sobrevivência. No entanto, é raro que se considere que apresentem problemas filosóficos – ou seja, questões que exijam reflexão além do nível prático. Somos inundados de conselhos sobre lugares aonde devemos ir, mas ouvimos pouquíssimo sobre porque e como deveríamos ir – se bem que a arte de viajar pareça sustentar naturalmente uma série de perguntas nem tão triviais, e cujo estudo poderia contribuir modestamente para compreensão do que os filósofos gregos denominaram pelo belo termo eudaimonia *ou desabrochar humano.*

Alain de Botton, *A arte de viajar*.

Sumário

Introdução 9

Capítulo 1
Antes de começarmos nosso tour 17

Capítulo 2
Da atração pela pobreza à pobreza como atração ... 29

Capítulo 3
Um passeio pela "maior favela da América Latina" ... 49

Capítulo 4
Gringos, câmeras, ação! 79

Capítulo 5
"Morador não é otário" 109

Capítulo 6
Obrigada e volte sempre! 141

Referências 155

Introdução

Em agosto de 2005, ainda como recém-doutora no Programa de Pós-Graduação em Ciências Sociais da Universidade do Estado do Rio de Janeiro, eu dava início a uma investigação sobre o fenômeno da conversão inesperada da favela carioca em destino turístico. Acompanhada da bolsista de Iniciação Científica, Palloma Menezes, e de sete pesquisadores voluntários – Alexandre Magalhães, André Salata, Andréia Santos, Cesar Teixeira, Flávia dos Santos, Joni Magalhães e Sylvia Leandro – começava a mapear um cenário praticamente invisível nas análises das Ciências Sociais até aquele momento.

Em pelo menos quatro favelas da cidade do Rio de Janeiro ocorriam investimentos no suposto potencial turístico das localidades e, em cada caso, o agente promotor tinha um perfil diferenciado: empresários na Rocinha, Organizações Não Governamentais (ONGs) e moradores no Morro dos Prazeres, agentes locais no Morro da Babilônia e Prefeitura no Morro da Providência. Por meio desses casos empíricos, revelava-se uma realidade plural em que as favelas emergiam como destinos turísticos que podiam ser promovidos, vendidos e consumidos de diversas maneiras: como paisagem física e/ou social, como destino ecoturístico, como turismo de aventura e/ou cultural.

Somente na Rocinha, cinco agências (atualmente já são sete) atendiam, em conjunto, a uma média de 2,5 mil (atualmente calcula-se que já sejam 3,5 mil) turistas por mês – um cenário muito mais intricado do que eu antecipara. Os discursos pautados pela mídia e pelo senso comum interpretavam o fenômeno como resultado perverso da combinação de um voyeurismo mórbido, por parte do turista, com uma precariedade desesperada e/ou passiva por parte dos favelados. Essa interpretação, em larga medida ainda corrente, estava longe de dar conta do que minha equipe e eu observaríamos no campo. Nessa etapa de construção do objeto da pesquisa, que a tantos parecia absurdo e indigno, foram de fundamental importância o entusiasmo desse grupo de jovens pesquisadores, assim como a interlocução provocadora que me possibilitaram os estudantes e colegas da UERJ. Felizmente, foram muitos os que atravessaram comigo esse percurso intelectual e, por isso, seria impossível citar aqui, nominalmente, a todos a quem devo meus agradecimentos.

Após definir o objeto, comecei a trabalhar com a hipótese de que a favela turística tornava-se menos insana quando interpretada, em chave macroestrutural, como resultado de dois fenômenos complementares: a expansão dos chamados *reality tours* e a circulação, mundo afora, da favela como uma "marca", um signo a que estão associados significados ambivalentes que a colocam, a um só tempo, como território violento e local de autenticidades preservadas.

A pertinência desta hipótese pôde ser amplamente testada a partir de junho de 2006, quando o projeto "Para ver os pobres: a construção da favela carioca como destino turístico" passou a contar com o apoio financeiro do CNPq. Esse apoio permitiu a incorporação de Juliana Farias (minha querida JuliJuli), Lidia Medeiros, Lívia (LivinhaLindinha) Campello e Mariana Mendonça à equipe, que também passou a contar, no âmbito do programa Pibic/CNPq, com a bolsista de Iniciação Científica Fernanda Nunes, cujo talento etnográfico tive o prazer de ver despontar.

Atualmente em fase de conclusão, este projeto teve como principal objetivo examinar o processo de elaboração, venda e consumo da favela como atração turística, focalizando, para isso, três aspectos principais:

1. o papel desempenhado por empresários, ONGs e agentes públicos no desenvolvimento do turismo nessas localidades;
2. a opinião dos residentes sobre a presença dos visitantes e seu nível de engajamento nas atividades turísticas;
3. as expectativas e impressões dos turistas sobre essa experiência.

Em 2007, uma verba oferecida pela Foundation for Urban and Regional Studies possibilitou que a investigação incorporasse uma perspectiva transnacional – particularmente necessária quando falamos de um fênomeno global como a pobreza turística. Sob o título "Touring poverty in Buenos Aires, Johannesburg and Rio de Janeiro", o projeto pretendeu examinar como os diferentes atores sociais envolvidos nos tours de Villa 20, Soweto e Rocinha negociavam a comercialização dessas localidades e lidavam com o complexo entrelaçamento entre pobreza, dinheiro e moralidade. Portanto, procurou-se investigar como as normas sociais regulam essas atividades comerciais e como tais normas são contornadas pelos indivíduos e grupos que promovem e participam de atividades turísticas que são alvos de tanta polêmica. Além disso, houve o interesse de descobrir como os debates em torno do problema ético do consumo da pobreza turística atualizavam-se nos diferentes contextos culturais.

A empresa responsável pelo tour na *villa miseria* argentina acabou falindo alguns meses antes de minha visita ao campo. Resolvi então concentrar o trabalho de pesquisa na África do Sul, onde estive por três semanas em novembro de 2007. A estratégia de entrada escolhida foi a participação em um dos *reality tours* promovidos pela Global Exchange – Organização Não Governamental sediada na Califórnia que inaugurou a comercialização desses tours no início da década de 1990.

Durante doze dias, acompanhei, na qualidade dupla de pesquisadora e turista, um grupo composto por seis norte-americanos, uma suíça e uma "facilitadora" afro-americana residente na África do Sul. Essa experiência foi, em vários aspectos, determinante para a investigação como um todo, principalmente porque me permitiu refletir de maneira mais aprofundada acerca das motivações e expectativas dos turistas, do papel dos agentes mediadores e das diferentes possibilidades de formatação e consumo do que chamo de *pobreza turística*. Sem a generosidade desse grupo, que acolheu a proposta da pesquisa com extremo respeito, eu não teria conseguido avançar na percepção dos sentimentos e das emoções que mobilizam os turistas quando estão, para parafrasear Susan Sontag (2003), "diante da pobreza do outros".

O convite para ingressar, como pesquisadora de texto, na equipe da novela *Caminho das Índias*, da Rede Globo, viabilizou o trabalho de campo de cinco dias em Mumbai, em março de 2007. Agradeço à Gloria Perez – com quem será sempre um grande prazer percorrer este e outros caminhos – pela oportunidade de me fazer turista em Dharavi, favela localizada no centro de Mumbai. Dificilmente eu teria logrado compreender a adaptação do favela tour carioca em terras indianas sem ter participado do passeio da agência Reality Tour and Travels e sem o diálogo com Christopher Way, responsável pelo empreendimento. Essa experiência, assim como o contato com Soweto e Khayelitsha, foram essenciais para que eu pudesse adquirir uma percepção mais compreensiva do turismo na favela.

A "revelação" da Rocinha turística só foi possível porque guias, moradores, vendedores de suvenires, proprietários de agências de turismo e "gringos" se dispuseram a compartilhá-la comigo e com minha equipe. As agências Be a Local, Exotic Tour, Favela Tour, Indiana Jungle Tour e Jeep Tour nos proporcionaram a participação gratuita em seus passeios; os vendedores de suvenires da Rua 1 nos permitiram acompanhar seu dia a dia; Dante Quinterno autorizou que nossa equipe utilizasse as instalações da TV ROC, rede de TV a cabo que atua na Rocinha, para as entrevistas com os moradores; Renê Melo, então secretário de Cultura da União Pró-Melhoramentos da Rocinha, principal associação de moradores da localidade, foi sempre um interlocutor participativo e instigante.

Para a elaboração deste livro, contribuíram de maneira decisiva as condições de pesquisa e docência oferecidas pelo Centro de Pesquisa e Documentação Histórica Contemporânea do Brasil da Fundação Getúlio Vargas (CPDOC/FGV), onde atuo desde março de 2006. Não demorou muito para que eu pudesse entender por que todos aqueles que trabalham no CPDOC sentem tanto orgulho de fazer parte de sua equipe. Trata-se, sem dúvida, de um ambiente profissional privilegiado, único, quase *too good to be true*. Aqui também são muitos os colegas a agradecer pela aposta, pela acolhida e pela troca sempre generosa. Entre esses, não posso deixar de aludir, por tantas razões que não seria possível aqui detalhar, a Carlos Eduardo Sarmento, Celso Castro, Helena Bomeny, Leticia Nedel, Lucia Lippi de Oliveira, Maria Celina D'Araújo e Regina Vives.

Nos três anos que correram do início da investigação ao fechamento provisório deste livro, foram muitas as ocasiões em que apresentei resultados parciais da pesquisa, assim como foram diversos os públicos e suas reações, dentro e fora do país. O debate realizado no âmbito do grupo de trabalho Economia Política da Cultura, coordenado com muita competência por Celeste Mira e Edson Farias durante o XXX Congresso Nacional da Anpocs, me foi particularmente instigante, resultando no artigo "A favela que se vê e que se vende: reflexões e polêmicas em torno de um destino turístico", publicado na *Revista Brasileira de Ciências Sociais*.

Outras publicações se seguiram, como se pode ver na bibliografia, e ajudaram a amadurecer o que pode ser lido neste livro. Nesse sentido, gostaria de agradecer aos pareceristas anônimos da *Geoforum*, assim como a João Freire Filho, editor da revista *É-Compós*, pelo convite para colaborar com um artigo (em parceria com Fernanda Nunes e Palloma Menezes) e pelas conversas sempre inspiradoras.

Igualmente inspiradora foi a discussão que se seguiu à minha primeira apresentação sobre o tema no CPDOC, ainda na qualidade de recém-doutora. Desde aquela ocasião, Marieta de Moraes Ferreira foi uma das grandes incentivadoras do projeto. À Marieta agradeço a oportunidade de fazer parte de uma proposta editorial inovadora como a Coleção FGV de Bolso.

Você está diante, portanto, de um esforço longo e coletivo de pesquisa – ao qual se juntou, na última etapa, ainda outra assistente, Juliana Pacheco, que com muita dedicação se prestou à tarefa ingrata de fazer transcrições e organizar a bibliografia.

Apesar do longo caminho percorrido, este livro foi concebido como um arremate transitório, como uma possibilidade argumentativa cuja intenção maior é inspirar novas discussões e perspectivas sobre o tema. Essa consciência da transitoriedade de nossas afirmativas intelectuais eu tive a sorte de compreender e apreciar ainda no início de minha jornada acadêmica graças à Licia Valladares — a quem devo, em grande parte, o conhecimento que me levou à paixão pela pesquisa e ao respeito pelas favelas empíricas.

A favela turística nos ensina que uma viagem, para se tornar inesquecível pelos motivos certos, depende menos do glamour do destino do que da cumplicidade da companhia. Nessa viagem intelectual, tive a sorte de contar sempre com Palloma Menezes, uma companheira sem a qual esse itinerário dificilmente seria concluído.

Nesta e noutras viagens — todas, sempre —, Alex Medeiros, cuja dedicação, amor e paciência tornam qualquer percurso, por mais tortuoso que seja, sempre tranquilo de trilhar.

Uma cena típica de verão na Rocinha: turistas, mochilas e câmeras atravessam as ruelas.
Bianca Freire-Medeiros, 2008

Capítulo 1

Antes de começarmos nosso tour

Em 1996, num domingo de verão, Michael Jackson aportou de helicóptero no Morro Santa Marta, localizado na zona sul carioca. Pouco antes, ele estivera em Salvador, filmando com o famoso grupo Olodum. A favela carioca e o Pelourinho baiano foram as locações escolhidas para o videoclipe de *They don't care about us*, dirigido por Spike Lee. A canção – cuja letra inclui frases como *"Am I invisible because you ignore me?"* ("Sou invisível porque você me ignora?") e *"I am the victim of police brutality"* ("Eu sou a vítima da brutalidade policial") – fala do preconceito contra os pobres e da indiferença do poder público e das elites a esses apelos. O videoclipe abre com a imagem do Corcovado – ícone do Brasil no imaginário internacional – enquanto uma voz feminina, em *off*, grita em português: "Michael, Michael, eles não ligam para a gente". Imagens da favela e do Pelourinho são intercaladas às do pop star, que provoca de maneira coreografada supostos policiais militares, abre os braços em cruz e simula revólveres com os dedos em riste.

Jackson esteve no Santa Marta por apenas 12 horas e no videoclipe, além de algumas vielas e lajes, pouco se vê da favela, mas as polêmicas em torno da presença do astro norte-americano na localidade ocuparam o noticiário dentro e fora do país por vários dias. Ronaldo Cezar Coelho, secretário do Comércio e Indústria à época, argumentou que o vídeo denegria a imagem da cidade e exigia direitos de edição. Pelé propagou que o vídeo arruinaria as chances de o Brasil sediar os Jogos Olímpicos de 2004. O então governador do Rio de Janeiro, Marcello Alencar, acusou Jackson de querer ser o "rei da miséria" e o desafiou a fazer doações aos favelados.

Indiferentes à cara feia das autoridades, os moradores do Santa Marta receberam Jackson de braços abertos. Em depoimento ao site Favela tem memória (www.favelatemmemoria. com.br), José Luís de Oliveira, na época presidente da Associação de Moradores do Santa Marta, relembra:

> O pessoal achou que era "pegadinha". Só acreditou quando a TV começou a anunciar. Aí bateu aquela ansiedade, foi uma correria. Todo mundo só falava nisso no morro [...]. A favela teve os seus quinze minutos de fama.

O Museu Michael Jackson, que seria construído pelos moradores para comemorar a visita ilustre, jamais saiu do papel, mas a passagem de Jackson foi registrada em um documentário produzido pelos próprios moradores. Até hoje inédito na televisão brasileira, o filme *O mega-star Michael Jackson* mostra o astro sem sua máscara antipoluição interagindo com alguns fãs que agradeciam sua presença com demonstrações calorosas de afeto, como a sintetizada na faixa: "*Michael, you are not alone. Dona Marta loves you*" ("Michael, você não está sozinho. Dona Marta ama você").

A temperatura política aumentou quando os principais jornais cariocas publicaram que o preço das locações havia sido negociado entre a produtora de Jackson e Marcinho VP, líder do tráfico de drogas no Santa Marta à época. Era o que faltava para o promotor público exigir a suspensão das filmagens, sob o argumento de que a indústria do turismo estava sendo seriamente comprometida. As autoridades governamentais acusavam a Sony, gravadora de Jackson, de explorar comercialmente a pobreza. Diziam que o clipe reforçaria o estereótipo da favela como lugar da miséria e da violência, o que levou Spike Lee a chamar as autoridades de "ridículas e patéticas" e o Brasil de uma "república das bananas". "O que eles acham? Que a pobreza no Brasil é segredo?", provocou o diretor.

Desde esse episódio tão controverso, muita coisa mudou. A pobreza no Brasil, se antes já não era segredo, hoje é incontestavelmente uma atração turística. Em 1996, o vídeo de Jackson, ao expor a favela, era percebido pelo então governador Marcello Alencar como uma peça publicitária às avessas, que só poderia espantar os visitantes internacionais. Dez anos depois, Sérgio Cabral, assim que tomou posse à frente do governo do Estado, anunciou que as obras do Programa de Aceleração do Crescimento (PAC) na Rocinha, além das melhorias na infraestrutura da favela, incluiriam a transformação de residências na parte alta do morro em pousadas do tipo *bed & breakfast* (hospedagens que oferecem quarto e café da manhã).

Em 1996, a associação entre favela e turismo era considerada absolutamente maléfica pelos representantes públicos do setor; em 2006, um projeto de lei fez da Rocinha um dos pontos turísticos oficiais da cidade do Rio de Janeiro. Essa iniciativa, aliás, contou com o apoio imediato de Rubem Medina: "A Rocinha é uma atração turística há um bom tempo. É importante que seja incluída no Guia Oficial para que as excursões, o artesanato e outros atrativos sejam mais divulgados", justificou o então presidente da Riotur em entrevista ao jornal *O Globo*, em 20 de setembro daquele ano.

Os representantes públicos não podem mais acusar as favelas de atrapalhar a indústria do turismo porque elas são parte importante dessa indústria: somente a Rocinha recebe uma média de 3.500 turistas por mês! Em outras favelas – Babilônia (Leme), Prazeres (Santa Tereza), Vidigal (São Conrado) – estratégias e parcerias vêm sendo traçadas no intuito de capitalizar o potencial turístico das localidades. A Pousada Favelinha (Morro Pereira da Silva), o hotel The Maze Inn (Favela Tavares Bastos) e o projeto "Favela receptiva" (Vila Canoas), todos inaugurados em 2005, na zona sul carioca, têm se revelado empreendimentos lucrativos.

Se, por um lado, um número crescente de turistas vem à favela, por outro, cada vez mais a favela vai ao encontro de potenciais visitantes por meio de produções cinematográficas e televisivas. Afinal, como argumenta o sociólogo John Urry (1995), é preciso lembrar que a escolha de um determinado destino por parte do turista está baseada em uma "antecipação da experiência", que se constitui em diálogo com as imagens do local veiculadas em diversos produtos midiáticos, imagens que criam uma moldura interpretativa e comportamental para o turista. No caso da favela turística, uma infinidade de produtos estão, direta ou indiretamente, sendo postos em ação. Vejamos alguns exemplos.

Em 2002, *Cidade de Deus* seduziu as platéias internacionais com uma imagem ao mesmo tempo realista e estilizada de uma favela violenta. Aclamado pela crítica internacional, o filme foi promovido como um testemunho sobre a vida nos "guetos" cariocas. O fato de se basear no romance homônimo de Paulo Lins (1997), ex-morador da Cidade de Deus, investiu o filme de uma credibilidade quase documental, reforçada pela presença de vários atores oriundos das favelas cariocas. Rodado em película granular, com altos contrastes pigmentares, e com uma trilha sonora em que se mesclam sucessos do samba, do funk e do rock, o filme logrou produzir uma construção imagética paradoxalmente realista e estilizada de uma favela violenta. Como resumiu Lisa Schwarzbaum (2003:77), em sua resenha para a conceituada *Entertainment Weekly*:

> *Cidade de Deus* transita por onde até mesmo policiais têm medo de pisar, abraçando confusão, miséria e violência de uma forma direta que é, ao mesmo tempo, arrebatadora e desconcertantemente "cool" no estilo MTV.[*]

A despeito das controvérsias em torno da legitimidade de sua representação do cotidiano da favela, a película de Fernando Meirelles e Kátia Lundi inspirou um sem-número de produções, entre elas *Cidade dos Homens*, série de dramaturgia produzida pela Rede Globo em parceria com a O2 Filmes na qual reaparece boa parte do elenco de *Cidade de Deus*. Protagonizada pelos amigos Laranjinha (Darlan Cunha) e Acerola (Douglas Silva), a série, que foi exportada para 25 países, narra os percalços e as estratégias bem-humoradas de sobrevivência e amadurecimento dessa dupla de personagens. A opção por situar a narrativa em uma favela genérica e por privilegiar temas do cotidiano evitou que o seriado se visse prisioneiro das mesmas acusações de sensacionalismo do longa-metragem.

---

[*] As falas dos entrevistados estrangeiros, bem como as citações publicadas originalmente em língua estrangeira e sem tradução para o português, foram transcritas e traduzidas livremente pela autora.

É o próprio Fernando Meirelles quem identifica a complementaridade entre as duas produções:

> Cidade de Deus é um drama, com toque de comédia, sobre traficantes no Rio, [nele] a comunidade aparece apenas como pano de fundo. Cidade dos Homens é uma comédia, com um toque de drama, sobre uma comunidade no Rio de Janeiro, [nele] os traficantes aparecem só como pano de fundo. Um projeto completa o outro (DVD Cidade dos Homens, primeira temporada, 2002).

A favela cinematográfica de Cidade de Deus iria inspirar ainda Favela Rising, dirigido por Jeff Zimbalist e Matt Mochary. O premiado documentário costura a história do Grupo Cultural Afro Reggae à vida de Anderson Sá, vocalista da banda, nascido e criado em Vigário Geral. Segundo os diretores, a intenção do documentário era resgatar a história da favela como espaço de resistência e criatividade, beleza e produção simbólica, confrontando os estereótipos que a associam à violência e à miséria. O longa-metragem retoma as opções estéticas do filme de Meirelles e funciona, em larga medida, como um follow-up deste: a narrativa começa em fins dos anos 1980, anunciados em Cidade de Deus como "o início de um novo tempo" na história das organizações criminosas nas favelas, e incorpora ao elenco atores como Firmino da Hora e Jonathan Haagensen, notórios pela participação no filme brasileiro. Em várias tomadas, uma favela não identificada da zona sul carioca, com vista para o mar, substitui Vigário Geral e provê à audiência internacional a desejada imagem da favela turística.

Em 2007, mais um longa-metragem brasileiro levou plateias nacionais e internacionais a repetidas incursões pelas favelas: o controverso Tropa de elite. Assim como Cidade de Deus, o filme dirigido por José Padilha ganhou status de testemunho, de uma narrativa ficcional com lastro de veracidade. O filme foi visto como uma complexa radiografia da corrupção que infiltra todos os poros da sociedade e torna impossível a distinção entre bandidos e mocinhos. Enquanto os soldados do Batalhão de Operações Especiais (Bope) entoam seu grito de guerra – "entrar na favela e deixar corpo no chão" –, mais uma vez a imagem de uma favela violenta circula mundo afora. O que o temido e estressado Capitão Nascimento (Wagner Moura) não sabia, no entanto, é que logo em seguida outro combatente do crime também faria dos morros cariocas seu cenário: *O incrível Hulk*. O filme de Louis Letterier, o segundo do estúdio Universal sobre o personagem da Marvel Comics criado em 1962, abre com um longo plano aéreo da Rocinha, que encantou o conceituado crítico de cinema Roger Ebert conforme revela sua resenha para o *Chicago Sun-Times*, em 11 de julho de 2008:

> A estadia de Banner no Brasil começa com um *shot* estarrecedor: de um ponto de vista aéreo, voamos cada vez mais alto sobre um dos morros do Rio, vendo centenas, milhares de minúsculas casas construídas umas sobre as outras, todas buscando ar. Esta é a vizinhança de *Cidade de Deus* e, até onde posso entender, estamos olhando para a coisa verdadeira, não CGI [computação gráfica]. O diretor prolonga o *shot* sem que haja qualquer necessidade razoável do enredo; aposto que ele estava tão estarrecido quanto eu fiquei, e deixou o *shot* correr porque era tão fantástico (Ebert, 2008).

É na favela, então, que o atormentado cientista Bruce Banner (Edward Norton) vai procurar abrigo. Enquanto trabalha numa fábrica de refrigerantes, busca uma cura para sua condição. Curiosamente, Banner buscou um cenário tantas vezes associado à violência para encontrar sua paz de espírito. Em tempo: as cenas passadas na Rocinha, à exceção do plano aéreo, foram, na verdade, rodadas na favela Tavares Bastos, cenário de *Tropa de elite* e da novela *Vidas opostas*, da Rede Record. Escrita por Marcílio Moraes e dirigida por Alexandre Avancini, a telenovela – que foi ao ar entre novembro de 2006 e agosto de 2007 – teve boa parte de sua trama ambientada no fictício Morro do Torto.

No ano seguinte, a Rede Globo também deslocou o "núcleo pobre" de sua prestigiada novela das oito do subúrbio para a favela. Aguinaldo Silva, autor de *Duas caras*, fez questão de incluir sua comunidade da Portelinha no circuito turístico. A iniciativa parte de um personagem do núcleo da classe média que decide levar um grupo de amigos estrangeiros à Portelinha. Ao pedir autorização à liderança local para a promoção do turismo, o personagem interpretado por Letícia Spiller defende a iniciativa:

> Safári urbano é o que há de mais *up* em matéria de passeio turístico hoje em dia. Roteiro previamente agendado, selecionado e organizado para grupos pequenos de, no máximo, dez pessoas por vez. Essa é definitivamente a melhor favela para trazer os gringos.

Mas a favela carioca não tem circulado apenas em vídeo ou em película. Na estação de trem de Luxembourg, em Paris, como parte das comemorações do ano do Brasil na França, foi montada a instalação *Favelité*. A partir de uma colagem com cerca de 800 imagens, de autoria de jovens fotógrafos moradores de favelas, apresentava-se o Morro da Providência – favela em que a Prefeitura do Rio de Janeiro construiu um museu a céu aberto no intuito de promover a localidade como atração turística – reproduzindo seus barracos, vielas e moradores para encanto dos parisienses.

Em Paris, Londres, Glasgow e Miami, o Favela Chic, um *club* decorado com palmeiras e materiais reciclados, serve comida brasileira acompanhada por uma trilha musical eclética.

Na entrada do *club* em Paris, a pintura de uma índia com ares de Iracema dá as boas-vindas aos clientes. No verão de 2006, tivemos a oportunidade de conversar com um dos donos do *Favela Chic*, bem-sucedido empreendimento inaugurado em novembro de 1995, quando ele nos respondeu:

> A gente começou a fazer o *Favela Chic* com a intenção de mostrar realmente o que é a favela [...]. Toda nossa decoração, tudo que a gente faz é com reciclagem [...]. E era tão pobre, tão miserável o lugar que a gente tinha – sem mesa, com tudo quebrado – que a gente acabou chamando de favela. Mas como era uma favela em Paris, era *Favela Chic* (*risos*). A intenção é mostrar que favela tem valor, que a dignidade que a gente prega existe de verdade. Não é mais vergonhoso falar de favela, favela é luxo, favela é chic! (*risos*).

Lorraine Leu (2004) descreve e analisa o processo midiático responsável por elevar o Brasil, e a favela em particular, à condição de sensação do momento na Inglaterra. Segundo a autora, presencia-se uma inesperada dinâmica entre o local e o global a partir da geografia imaginária da favela e da "cultura" que lhe seria peculiar. Essa cultura de uma favela mítica é utilizada nas campanhas publicitárias das mais variadas marcas e produtos, que vão dos modelos de carro Citroën e Nissan à loja de móveis sueca Ikea. Os produtos brasileiros, por sua vez, quando comercializados internacionalmente, também aderem à marca "favela": "A onda atual de 'favela chic' tornou até a mais humilde mercadoria brasileira, a sandália de borracha, em um objeto de fetiche" (Leu, 2004:17).

Em Tóquio, o restaurante Favela segue a mesma lógica, servindo feijoada e caipirinha em um salão que mistura elementos rústicos e requintados. Com direito a DJ e a um *movie lounge*, o restaurante tem como público aqueles que buscam o exotismo da culinária brasileira combinada a uma atmosfera *world style*. Já o Favela Restaurant, em Sidney, na Austrália, dispensa os quitutes brasileiros e serve exclusivamente comida asiática, e o logo do restaurante traz a favela apenas na imagem estilizada de um menino que esconde o rosto entre as mãos. O Club Favela, em Munster, na Alemanha, toca música *techno minimal*, *house*, *psytrance* e *reggae*, mas não se vale de nenhum ritmo associado diretamente ao Brasil. A força da marca "favela" tornou-se, portanto, capaz de transcender o referente territorial, promovendo tanto o que é brasileiro quanto o que pretenda ser "alternativo", "descolado", "reciclado".

Nos guias de viagens, a favela não apenas é incorporada ao roteiro, mas apontada como ponto de visitação obrigatório aos que querem conhecer o "verdadeiro Rio de Janeiro", como ressalta Mônica Torres (2007) em sua dissertação de mestrado. O prestigiado *Lonely Planet* chega a criticar o que vê como "a glamorização das favelas" promovida pelos meios de comunicação de massas, mas não deixa de sugerir enfaticamente o passeio, desde que feito com empresas especializadas que garantam a segurança do turista. Observa Torres (2007:36):

> Quando aborda as favelas do Rio o [guia] argumenta que [...] "mais de 1 milhão de pessoas mora nesses lugares notadamente violentos, pontos de tráfico de drogas, onde a pobreza prevalece e o poder público não existe" [...]. Para os redatores do guia, [o turismo na favela] pode trazer uma experiência muito positiva para os turistas, até mesmo considerando que os moradores locais, que se sentem marginalizados pelo seu próprio governo, geralmente sentem-se lisonjeados quando os estrangeiros interessam-se por eles.

Além dos produtos e *businesses* que colocam a favela em evidência e que estão incorporados de maneira mais formal ao mercado, existe um *corpus* mais disperso de imagens que igualmente colabora na formatação da favela turística: as fotos produzidas pelos próprios visitantes. Ao analisar 50 fotologs, que exibiam um volume de mais de 700 fotografias tiradas por turistas durante passeios pela Rocinha e postadas na internet, Palloma Menezes (2007) argumenta que nunca houve tamanha produção, reprodução e difusão de imagens da favela como nos dias atuais. Mas de que é composta essa favela que os turistas fazem circular por meio de seus blogs? De ruelas e valas, de fios emaranhados, de uma vista deslumbrante para o mar, de plantas e bichos "exóticos" como galinhas e cachorros. Mais do que qualquer outro elemento, porém, são as casas – com tijolos desalinhados e paredes coloridas – e os moradores – invariavelmente negros e, preferencialmente, crianças – que mobilizam a atenção fotográfica dos turistas.

A fixação internacional pela favela é igualmente problematizada por Claire Williams (2003), que traça paralelos interessantes entre a onda criada por *Cidade de Deus* e aquela em torno de *Quarto de despejo*, livro de memórias de Carolina Maria de Jesus que se tornou *best-seller* internacional nos anos 1970. Mas é a socióloga Licia Valladares (2005) quem identifica a complexidade política do fenômeno e aponta a responsabilidade dos diferentes atores – ONGs, poder público, cientistas sociais – na conformação de uma favela singular e exótica.

Como resume Tom Phillips (2003), *favela* tornou-se um prefixo tropical capaz de incrementar e tornar "exóticos" lugares e produtos os mais variados. Guias de viagem, filmes, documentários, telenovelas, romances, dissertações, fotologs, suvenires, entre tantos outros, são elementos que contribuem para a formulação de uma favela que circula mundo afora e incentivam sua promoção como destino turístico.

Este livro convida você a participar de um passeio pela Rocinha – favela turística por excelência – e pelas muitas polêmicas criadas em torno desse destino. Será uma viagem no tempo e no espaço, uma viagem que nos ajudará a entender o que mudou desde a famigerada visita de Michael Jackson para a favela carioca se tornar uma atração turística. Mas para que a complexidade desse fenômeno possa ser de fato apreendida, é preciso situá-lo em um contexto mais amplo, no qual a *pobreza turística* – uma pobreza emoldurada, anunciada, vendida e consumida com um valor monetário definido no mercado turístico – emerge como fenômeno global. Essa pobreza turística é o tema do próximo capítulo.

No capítulo 3, subiremos o morro acompanhados pelos donos das agências de turismo e por alguns guias que atuam na Rocinha. Eles nos contarão como se dá a promoção e venda da favela como destino turístico, quais os pontos visitados e quais as dificuldades enfrentadas no cotidiano. Observaremos, com particular atenção, os aspectos textuais e imagéticos de seus sites na internet, bem como os suvenires que são produzidos para os visitantes.

O capítulo 4 nos apresenta aos turistas e lhes pede que nos expliquem por que escolheram incluir a favela em seu roteiro de férias. Veremos com quais expectativas eles chegam à favela e que imagens – mentais e fotográficas – da sociedade brasileira eles levam ao final do passeio.

Conhecer o que pensam os habitantes da Rocinha a respeito desses visitantes estrangeiros e da conversão de seu lugar de moradia em atração turística é o tema do capítulo 5. Será que os moradores compartilham a impressão das camadas médias e dos segmentos intelectualizados de que turismo em favela é o mesmo que um "zoológico de pobre"? Encerraremos, no capítulo 6, o tour com algumas reflexões sobre os dilemas éticos e práticos envolvidos na conversão da pobreza em atração turística.

Que a leitura seja agradável e que você faça uma boa viagem!

Capítulo 2

Da atração pela pobreza à pobreza como atração

A curiosidade de saber e de ver como vivem os pobres não constitui novidade. Como demonstra o historiador Seth Koven (2004), a elite vitoriana fez da experiência em primeira mão entre os indigentes algo essencial aos que aspiravam falar com autoridade acerca das questões sociais da época. Assim, todos os cidadãos que simpatizavam com os pobres, e não apenas os que estavam à frente da Igreja e das agências de assistência social, sentiam-se obrigados a visitar, ou mesmo viver e trabalhar, em bairros degradados de Londres, como Whitechapel e Shoreditch. Era o que à época se chamava de *slumming*. Em 1884, o Dicionário Oxford definiu o termo como a tendência a visitar as áreas mais pobres de diferentes cidades, seja com o propósito de fazer filantropia seja apenas por curiosidade.

Para os críticos, a prática de *slumming*, disfarçada de altruísmo social, não passava de um entretenimento egoísta que trivializava a pobreza. Daí o esforço por parte de clérigos, filantropos, investigadores sociais e reformistas em diferenciar-se de jornalistas inescrupulosos e "curiosos de passagem". Para esses curiosos, os guias turísticos do *fin-de-siècle*, tais como o famoso *Baedeker*, sugeriam não apenas lojas e teatros, igrejas e monumentos, mas também excursões ao mundo das instituições filantrópicas localizadas nas áreas mais empobrecidas de Londres.

Membros da família real e políticos da alta classe, clérigos e profissionais que aspiravam à nobreza, além de mercadores e seus filhos, para os quais a prática da caridade marcava sua recente ascendência social faziam o *slumming* de maneira pública, e não privada. Não lhes bastava visitar os pobres, cabia a eles também divulgar informações estatísticas, passagens anedóticas ou testemunhos fotográficos em nome das ciências sociais, do dever cidadão e do amor cristão.

De acordo com o romancista Henry James em fins do anos 1880, *slumming* foi também um tipo de paixão – uma paixão por atravessar as fronteiras entre ricos e pobres, entre o limpo e o sujo, entre o virtuoso e o desprezível. Nesse sentido, Koven (2004) argumenta que as *slums* de Londres funcionaram, para várias gerações de homens e mulheres educados, como locais de liberdade e perigo, de altruísmo missionário e também de liberação social, pessoal e sexual.

No início da década de 1890, James Granville Adderley, diretor de um dos inúmeros projetos sociais que proliferavam nos bairros periféricos de Londres, tentou responder à pergunta "O *slumming* já se desgastou?" na *English Illustrated Magazine*, publicação voltada para a classe média. "O *slumming* da moda de oito anos atrás", assegurava Adderley aos leitores, "foi abandonado como prática comercial".

Como ainda aponta Koven (2004), o rico e sofisticado Adderley rapidamente definiu o "*slumming* da moda" e ofereceu vários exemplos gritantes de seus excessos.

[Adderley] lançou mão da "dama lânguida" que era levada às docas para ver um estivador de carne e osso, com o único propósito de impressionar seus convidados, que iam jantar naquela noite. Criticou os "ricos provocadores" que chegavam em *East London* tão cheios de pressuposições literárias que os *slums* visitados não lhes eram, nem de longe, "suficientemente *slummy*". O *slumming* da moda encorajava alguns observadores a trivializar a pobreza, transformá-la em entretenimento em causa própria e perpetuar preconceitos absurdos sobre a selvageria dos pobres. Disfarçava a curiosidade sexual sob o garbo de altruísmo social. Não havia razão para lamentar seu fim como tendência (Koven, 2004:7).

O fato é que, se a prática do *slumming* esteve na moda na virada do século, duas décadas adiante já não ocupava o mesmo espaço na agenda da elite. Em artigo intitulado "The slum: a project for study", publicado em 1928, o sociólogo Nels Anderson observa:

A palavra *slum* perdeu seu prestígio. Depois de estar na moda, graças à onda de humanitarismo que varreu o país nos anos 1880 e 1890, de repente, com o declínio do *slumming* como um passatempo filantrópico, a palavra tornou-se um tabu, mas o fato é que a *slum* perdura (Anderson, 1928:27).

Foi preciso esperar a virada de outro século para que os pobres e seus espaços de moradia retornassem como objetos do olhar curioso de um número expressivo de atores sociais das camadas médias e altas da sociedade, com as quais passam novamente a compartilhar uma proximidade indiscreta. Anteriormente, tal proximidade era garantida pela via da filantropia e exigia que caridosos – e/ou curiosos – atravessassem distâncias menos físicas do que morais.

Nos dias de hoje, a mediação se dá pela via do turismo e implica o cruzamento de múltiplas distâncias: 99% dos que consomem a pobreza turística são estrangeiros (de maneira geral, parece existir uma forte resistência das elites locais à prática do turismo em áreas pobres, como veremos adiante) que encaram, além do abismo econômico, distâncias culturais e linguísticas. A prática do *slumming* retorna, por assim dizer, não como uma resposta às insuficiências do mercado, que deveriam ser "consertadas" pelos sujeitos caridosos, mas como parte constituinte desse mercado, que define um valor monetário para a pobreza, um preço devidamente acordado entre agentes e consumidores. Mas que mercado é este que permite que até a pobreza seja empacotada como mercadoria turística?

Em suas reflexões acerca do fetichismo da mercadoria, Karl Marx (1974 [1867]) afirma que o capitalismo impõe a conversão de coisas, sujeitos e relações sociais em bens de mercado. A pobreza, teoricamente, escaparia a esse inevitável destino por ser impossível comprá-la ou vendê-la, desprovida que é de valor de uso e de valor de troca. Contrariando Marx, vemos, na virada do século, a pobreza adquirir valor e ser comercializada no mercado turístico. Como explicar esse fenômeno?

O antropólogo Arjun Appadurai (1986) nos oferece duas pistas interessantes. A primeira diz respeito à maneira como atribuímos valores aos bens. Appadurai sustenta que a conexão entre a troca e o valor do bem é criada não por uma racionalidade de mercado ou por um valor intrínseco a cada bem, mas sim pela política, em seu sentido amplo, porque o que está em jogo são as lógicas de inclusão e de exclusão entre as classes e os grupos. O consumo não é, portanto, algo individual ou passivo, mas necessariamente social e ativo. Os bens são portadores de significados; porém, tais significados não jazem nos bens mesmos, mas na rede de relações sociais e culturais nas quais estes estão imbricados. Os bens criam identidades, hierarquizam e distinguem: são, ao mesmo tempo, elementos de identificação e de distinção social e simbólica, como afirma o sociólogo Pierre Bourdieu (2007).

O consumo da pobreza pela via do turismo transmuta-se, por mais paradoxal que possa parecer, em um elemento de distinção social que cria novas e complexas hierarquias, como veremos no capítulo quatro. Por agora, é preciso observar que os turistas, ao consumirem os objetos e práticas associados aos pobres, não querem ser como eles, mas pretendem consumir a própria diferença socioeconômica através dos símbolos associados à pobreza.

Cresce o número dos chamados pós-turistas que, política e ecologicamente corretos, evitam a todo custo "o lazer de ir ver o que se tornou banal", para usarmos a expressão de Guy Debord (2003:25). No âmbito do turismo, reproduz-se aquilo que ocorre em tantos outros campos: uma vez que os grupos de mais baixo status se apoderam da viagem de lazer como um bem, resta aos demais segmentos "investir em novos bens a fim de restabelecer a distância social original" (Featherstone, 1995:38). Homens e mulheres passam a procurar, cada vez mais, experiências inusitadas, interativas, aventureiras e autênticas em destinos cujo apelo reside na antítese daquilo que se costumava classificar como "turístico". No processo, localidades "marginais" ao mercado convencional são reinventadas em suas premissas históricas e estéticas.

Atualmente, são mais e mais frequentes os passeios a Sniper's Alley em Sarajevo, aos campos radioativos de Chernobyl, aos túneis vietcongues (devidamente alargados para acomodar o número crescente de visitantes estrangeiros). No

Parque EcoAlberto, em Hildago, turistas pagam U\$18 para participar do passeio "¡Burla a la Migra!", uma simulação da travessia ilegal empreendida por milhares de mexicanos que buscam melhores condições de vida nos Estados Unidos. Por uma quantia entre U\$20 e U\$35, turistas podem avaliar – e fotografar – os estragos provocados pelo furacão Katrina em um passeio pela U.S. Route 90.

A outra pista que nos oferece Appadurai (1986) tem a ver com os usos do tempo em um mundo globalizado. Se por globalização entendemos um processo crescente de integração dos sistemas econômico, social e cultural, então o turismo pode ser tomado, a um só tempo, como causa e efeito dos processos de globalização. Dito de outro modo, o turismo torna-se um dos fluxos através dos quais trocas econômicas, sociais e culturais acontecem, e o crescente escopo dessas trocas, por sua vez, torna-se um estímulo ao turismo.

Esses mesmos processos de homogeneização e desterritorialização incentivam a valorização do local e a promoção dos destinos turísticos, assim o turismo torna-se cada vez mais dependente de variáveis de distinção. Cada localidade busca descobrir sua "vocação" e sua identidade, ou seja, busca atributos que a diferenciem diante do visitante em potencial e a destaquem em meio a um mercado turístico cada vez mais plural. A pobreza turística, por um lado, beneficia-se dos fluxos transnacionais de capital, de imagens midiáticas e de pessoas que transformam a alteridade – classificada como exótico – em mercadoria; por outro, ela capitaliza a onda do *poor chic*, ao mesmo tempo em que ajuda a alimentá-la. Essa tendência do *poor chic*, como observa a socióloga Karen Halnon (2002), traz uma ressignificação "estilosa" e "divertida" da pobreza ou dos símbolos tradicionalmente associados às classes populares. Trata-se de um consumo racional – controlado, eficiente, previsível – que, longe de apagar as distâncias sociais, as reforça.

Todos os dias, centenas e centenas de turistas chegam a Soweto e Cape Flats, territórios pobres e estigmatizados na África do Sul. Originalmente uma sigla para South Western Townships, Soweto é recorrentemente apontada como a *township* mais famosa do mundo, enquanto as Cape Flats carregam o título nada prestigioso de "pesadelo urbano" (Mabogane; Callaghan, 2002). Com o fim do regime de segregação racial do *apartheid* em 1994, essas localidades passaram a figurar entre os destinos turísticos mais visitados da África do Sul. Assim como no caso da favela carioca, há uma variedade enorme de agências, meios de transporte e atrações à disposição do visitante.

Se hoje o poder público investe pesado na promoção do turismo nessas áreas, o fato é que tanto as Cape Flats quanto Soweto se estabeleceram como destinos para turistas estrangeiros sem que qualquer marketing oficial fosse feito nesse sentido. A bem da verdade, durante os primeiros anos do regime democrático, o turismo nas *townships* enfrentou uma publicidade adversa que remetia ao estigma – ainda presente, é bom lembrar – que associa os bairros majoritariamente negros à violência e à miséria.

Com uma população em torno de 4 milhões de habitantes em situação de pobreza, as Cape Flats recebem cerca de 300 mil turistas por ano. Os passeios, em geral, começam no District Six Museum, que congrega a memória das remoções forçadas no bairro homônimo e que, nos últimos anos, tem se tornado um dos museus mais visitados da Cidade do Cabo. De lá, seguem para o centro de artes e cultura The Guga S'Thebe, em Langa, onde os turistas são encorajados a comprar suvenires variados – colares, pulseiras e cintos de miçangas coloridas, quadrinhos feitos com material reciclado, colchas e toalhas de mesa pintadas à mão etc. – supostamente produzidos pelas mulheres e crianças locais.

Gugelethu Seven, Amy Biehl e Trojan Horse são apresentados aos turistas como monumentos que celebram a memória dos estudantes mortos durante as revoltas contra o *apartheid*, mas não ganham a mesma relevância que os monumentos históricos de Soweto, como veremos adiante. Algumas agências incluem ainda a visita a um *shebeen*, espécie de taverna onde se pode tomar uma bebida fermentada produzida localmente, e uma consulta com *healing doctors*, espécie de curandeiros que trabalham com ervas medicinais. Na maioria dos casos, agências externas administradas por brancos contratam guias negros, moradores do local – o que, muitas vezes, dá aos turistas a falsa impressão de que o dinheiro pago pelos passeios é revertido em ganhos diretos para as *townships*.

Turista fotografa o interior das casas e seus moradores durante *townships tour* na Cidade do Cabo.

Bianca Freire-Medeiros, 2007

No caso de Soweto, os passeios começam por uma área chamada Diepkloof Ext, onde vivem os famosos *black diamonds* — negros que conseguiram ascender economicamente, mas que optam por continuar morando na localidade, em casas de arquitetura sofisticada, bem equipadas e com alto valor no mercado imobiliário. Os tours seguem pelo Baragwanat Hospital, o maior hospital do hemisfério sul; pelas Twin Towers, torres gêmeas que fornecem eletricidade à região norte de Johanesburgo; e pelo Maponya Mall, um shopping center gigantesco inaugurado em setembro de 2007. Esse lado "desenvolvido" e "promissor" de Soweto é posto em perspectiva logo em seguida, quando, metros à frente, os turistas são apresentados ao Kliptown Squatter Camp, um alojamento criado em 1903, onde várias famílias compartilham um ambiente extremamente precário. Dependendo do nível de intimidade do guia com os moradores, é permitido aos turistas entrar nos pequenos cômodos e fotografar seu interior.

Os passeios por Soweto — que custam algo em torno de US$ 35 por pessoa — incluem ainda um "almoço africano típico", uma parada para compra de suvenires e a ida a Vilakazi Street, "única rua do mundo com dois prêmios Nobel: Nelson Mandela e Desmond Tutu". Mas é na inclusão de seus diferentes marcos históricos de resistência — Kliptown Museum, West & Hector Peterson Memorial, Igreja Regina Mundi — que a pobreza turística de Soweto busca realizar seu diferencial no mercado. "No mundo todo, existem monumentos condenando o fascismo, a tirania e o abuso dos direitos humanos", lê-se no material de divulgação turística de Johanesburgo, mas "Soweto representa a prova viva de que, com determinação, força e com uma causa justa, uma comunidade, como outra qualquer, pode fazer a diferença" (*City of Johannesburg*, 2003:12).

De acordo com o relatório da Gauteng Tourism Authority, publicado em 2002, o número de visitantes que pagam para entrar no Memorial Hector Peterson serve como indicador de que aproximadamente 1.500 turistas a cada mês visitam Soweto. Como nem todos que visitam Soweto assinam o livro de presenças do Memorial, o número de turistas talvez seja bem maior, como sugere Ramchander (2007). Segundo Snowy, guia turística e moradora de Soweto com quem conversei durante o meu trabalho de campo em novembro de 2007, as agências calculam uma média de 4 mil turistas por mês. A expectativa geral é que esse volume duplique em 2010, quando a África do Sul abrigará a Copa do Mundo. E como a final do evento está prevista para acontecer justamente no Soccer City Stadium, na entrada de Soweto, espera-se que o número de turistas hospedando-se nos "cama e café" da região aumente significativamente durante o período. Já em fins de 2007, era possível observar o investimento feito pelo poder público e pelas famílias de classe média de Soweto na conversão de suas moradias em hospedagem.

Seguindo o exemplo da África do Sul, no verão de 2007 a agência Victoria Safaris passou a promover o que ela chama de "Nairobi pro-poor tourism adventures", ou seja, tours pelos assentamentos precários onde mora a maior parte da população na capital do Quênia. Considerada a *slum* mais populosa de todo o continente africano, Kibera – que ficou conhecida mundialmente por ter servido de cenário para o filme *O jardineiro fiel* – é a principal atração do local. Supondo que os turistas estariam interessados em algo mais do que apreciar a vida selvagem em Maasai Mara, reserva natural no sul do Quênia, Asudi James, gerente geral da Victoria Safaris, deu início aos tours que podem durar de quatro horas a dois dias, dependendo do pacote escolhido.

Asudi – que pertence à tribo Luo majoritária entre os moradores de Kibera – insiste que os passeios feitos por Kibera e por outras favelas de Nairóbi e Kisumu (no oeste do Quênia) são benéficos para os habitantes dessas áreas, sobretudo porque os lucros estariam sendo revertidos para projetos sociais. Em meio a fotografias de casas precárias e de turistas interagindo com a população local, o site da empresa detalha:

> Em Kibera, você será levado para conhecer um orfanato que abriga crianças com HIV, a escola primária Kibera Olympic e a escola secundária Baraka Za Ibrahim School, onde você verá salas de aula abarrotadas. Depois do almoço, você acompanhará os residentes em suas tarefas cotidianas e se espantará com o número de crianças perambulando e com os esgotos a céu aberto [...] (Disponível em www.victoriasafaris.com/kenyatours/pro-poor.htm. Acesso em 15 dez. 2008).

"O que significa esse fascínio por Kibera entre pessoas que nem mesmo sabem o que é realmente a pobreza?", questionou o jornal queniano *Daily Nation*. "Mais que isso, é preciso questionar como é que os próprios quenianos se sentem por estarem sendo considerados 'os guardiães' do atraso, da sujeira, da miséria e da absoluta depravação". Andrew Cawthorne, correspondente do jornal australiano *The Sidney Morning Herald*, confirma, em matéria publicada em 9 de fevereiro de 2007:

> [...] nem todos no Quênia estão achando tão lírico o rastro deixado pelos visitantes que passam por cima do lixo [...], sentem o cheiro do esgoto das ruas e fotografam os barracos com tetos de lata em que moram 800 mil habitantes da nação mais pobre do vale Nairóbi (*The Sidney Morning Herald*, 2007:3).

Com base em entrevistas feitas durante o Fórum Social Mundial em Nairóbi, quando as visitas a Kibera aumentaram significativamente, Cawthorne afirma que os moradores, apesar de reconhecerem que o turismo tem um potencial positivo, avaliam que os benefícios tangíveis até agora foram poucos, enquanto o constrangimento cresce a cada dia. O jornalista reproduz a fala de David Kabala, residente em Kibera:

> Eles nos veem como marionetes, querem entrar e tirar fotografias, dão uma pequena caminhada e contam aos amigos que visitaram a pior favela da África, mas nada muda para nós. Se alguém vier, deixe-o fazer alguma coisa por nós. Ou se eles realmente querem saber como pensamos e como nos sentimos, deixe-os vir e passar uma noite aqui, ou deixe-os andar a pé por aqui quando está chovendo e as ruas ficam inundadas como rios (*The Sidney Morning Herald*, 2007:12).

A Cova da Moura, "bairro africano" e "marginal" em Lisboa, também oferece, desde o verão de 2004, um programa de visitas direcionado sobretudo aos estrangeiros. Denominado *sabura* — expressão crioula que significa apreciar aquilo que é bom, saborear —, a intenção do roteiro é mostrar que "a realidade [do bairro] é bem diferente da estigmatizada pela comunicação social" (Disponível em http://redeciencia.educ.fc.ul.pt/moinho/associacao/recortes. Acesso em 8 dez. 2008), como justifica a Associação Moinho da Juventude, instituição fundada e presidida por uma imigrante belga que, há muitos anos, mora na localidade. O lema da iniciativa é "aqui, um outro mundo é possível, se a gente quiser!" e incentiva o visitante a apreciar os diferentes aspectos da herança étnica do bairro, cuja população é majoritariamente oriunda de Cabo Verde: os cabeleireiros africanos, o jogo do Uril, o Funaná tradicional, as lojas de discos especializadas em *kizomba* e *kuduro*, as batuqueiras do Finka Pé e as danças com Ta kai ta Rabida. Ficam de fora do roteiro as ruas onde ocorre o tráfico de drogas ilícitas porque, segundo um dos responsáveis pelo projeto de turismo étnico, "há coisas boas, aqui no bairro, de que ninguém fala, e queremos salientar os aspectos positivos" (*O Público*, 6 mar. 2004). Os passeios ainda acontecem de maneira esporádica e custam algo em torno de 2 euros por pessoa, preço que inclui um "almoço africano".

Desde setembro de 2005, Christopher Way, inglês residente em Mumbai, e seu sócio comercial indiano Krishna Poojari vêm promovendo excursões diárias a Dharavi, considerada a maior *slum* da Índia. Em março de 2008, tive a oportunidade de fazer o passeio de quatro horas e, em seguida, conversei com Way no escritório de sua agência eloquentemente batizada de Reality Tours and Travel. "Fui ao Rio no verão de 2005 e fiz o passeio pela favela da Rocinha. Fiquei encantado!", recorda o jovem empreendedor britânico. "Assim que voltei a Mumbai, conversei com Krishna sobre a ideia de fazer algo parecido em Dharavi". Apesar de inspirado no tipo de turismo feito na Rocinha, um elemento importante diferencia a proposta indiana de Way: o veto à fotografia. Enquanto todas as agências que atuam na favela – e também nas *townships* – incentivam o uso das câmeras fotográficas, a Reality Tours adverte em seu material publicitário: "PLEASE NOTE OUR NO CAMERA POLICY". "Não se trata de uma questão de segurança, mas de respeito", explicou Way. Sunny, o jovem hindu que nos acompanhou pelas ruelas estreitas de Dharavi, disse que essa havia sido a única condição imposta pelos moradores: "As pessoas aqui estão trabalhando, muitas estão com roupas sujas e rasgadas. Quem iria gostar de ser fotografado em condições como essas?"

Os tours custam cerca de US$ 7 por pessoa e começam com um passeio de van pelo Red Light District – famosa zona de

Apesar de as câmeras estarem vedadas no interior de Dharavi, turistas têm licença para fotografar a lavanderia Dhobi Ghats, que fica nas proximidades.

Bianca Freire-Medeiros, 2008

prostituição de Mumbai –, em seguida o trajeto leva a um abrigo para meninos de rua e pela Dhobi Ghats – uma lavanderia a céu aberto em que centenas de pessoas trabalham diariamente. Chegando em Dharavi, os turistas seguem a pé pelas pequenas vielas enquanto o guia explica as peculiaridades do local que tem uma densidade populacional de 18 mil pessoas por acre, abriga hindus e muçulmanos e é responsável por 17% de todos os artigos de couro produzidos na Índia. O foco principal do passeio são as pequenas unidades produtivas que alternam conhecimentos milenares e tecnologias de última geração: de um lado, veem-se espaços onde mulheres fazem pães e bordados tradicionais; de outro, pequenas fábricas produzem material fotográfico e capas para laptops.

Way alega que 80% dos lucros obtidos com seu "tour de realidade" são empregados na localidade e que seu objetivo central é dissolver preconceitos e aproximar pessoas que, de outra maneira, não teriam como se encontrar. Quando lhe perguntei por que não era dada ao turista nenhuma oportunidade para compras durante o passeio, o que talvez pudesse trazer algum retorno econômico para os moradores, Way justificou:

A nossa intenção é promover um encontro que seja o menos turístico e o mais autêntico possível. Não queremos que os moradores sejam vistos como animais em um zoológico e também não queremos que os turistas sejam vistos como máquinas de dinheiro [...]. As pessoas estão cheias de tantas relações falsas, de falsos políticos, de falsas promessas, de mercadorias falsas. Quem faz o nosso tour fica satisfeito porque sabe que não houve maquiagem nenhuma [...]. O sofrimento e a alegria daquelas pessoas em Dharavi são verdadeiros, não tem nada encenado. A solidariedade dos visitantes também é verdadeira. Ali se produz uma emoção que não dá para explicar, tem que viver [...].

Diante dessa fala, fica difícil não pensar em algumas das teses que Richard Sennett (1988) apresenta em *O declínio do homem público*. Para o autor, a esfera pública é tomada, no mundo contemporâneo, como injusta e devoradora, o que provoca nos sujeitos o desejo de se refugiar em um espaço íntimo e acolhedor.

Sinais gritantes de uma vida pessoal desmedida e de uma vida pública esvaziada ficaram por muito tempo incubados. São resultantes de uma mudança que começou com a queda do Antigo Regime e com a formação de uma nova cultura urbana, secular e capitalista (Sennett, 1988:30).

Conforme analisa Sennett, a valorização do espaço e da experiência da intimidade leva a política moderna a incorporar, na legitimação do homem público, valores como a autenticidade, "resultado da superposição do imaginário privado sobre o imaginário público" (1988:41).

A "fixação na autenticidade" ganha novo impulso nas sociedades ocidentais contemporâneas a partir das lutas contra a repressão e a discriminação características das décadas de 1960 e 1970. O discurso político passa a ser marcado pela ênfase na necessidade de expressão dos sentimentos como lugar da verdade do sujeito; era preciso tudo dizer, em qualquer lugar, em nome da autenticidade. Paralelamente, se aprofunda um sentimento de nostalgia diante do autêntico supostamente perdido, engolido pelo mundo artificializado das tecnologias, que só pode ser recuperado a partir de um duplo movimento: por meio do incremento das interações face a face e por meio da revalorização das culturas vistas como "não contaminadas" pelo racionalismo ocidental.

Em artigo sobre o consumo da moda brasileira na França, Débora Leitão (2007) observa um lucrativo "retorno à temática do nacional" por parte dos produtores de moda e da imprensa especializada:

> Tal presença toma consistência em falas sobre "procurar raízes", "valorizar nossa cultura popular", "positivar nossa natureza", e fazer uso do que há de mais "autenticamente brasileiro". Nas imagens, em coleções de alta moda repletas de referências à flora e à fauna, materializam-se tipos nacionais/regionais, religiosidade popular, patrimônio histórico e paisagens turísticas (Leitão, 2007:206).

Os consumidores franceses, por sua vez, reforçam a produção desse nosso repertório de representações, que julgam ser "materialização e emblema de um determinado tipo ou caráter brasileiro". Tal como nossa moda, seríamos um povo informal, alegre, livre e criativo, qualidades que encontram seu oposto perfeito no modo de ser dos franceses.

Tais oposições contrastivas, sempre referidas a pares de contrários tal qual novo *versus* antigo, alegria *versus* monotonia, exuberância *versus* contensão, somam-se igualmente à oposição entre artesanal e industrial (Leitão, 2007:212).

A pobreza turística emerge na confluência dessas duas prerrogativas. Tanto na favela carioca quanto nas *townships* da África do Sul, em Kibera, na Cova da Moura ou em Dharavi, são prometidos aos turistas encontros autênticos com comunidades exóticas, artesanais, supostamente alheias à temporalidade moderna. Sinais evidentes da inserção dessas localidades na sociedade de consumo global parecem muitas vezes invisíveis aos olhos dos turistas. Não por acaso, proliferam, na descrição dessas experiências turísticas por parte dos visitantes e dos agentes promotores, expressões como "viagem no tempo", "reencontro com os verdadeiros valores", "redescoberta daquilo que realmente importa".

Não há dúvida de que se trata de experiências bastante heterogêneas; entretanto, todas elas realizam complicadas articulações entre dinheiro e emoções, entre interesses e sentimentos, entre lazer e miséria – domínios cuja sobreposição a moralidade ocidental define como incongruente e agramatical. Costumamos entender interesses financeiros e sentimentos, ou lazer e miséria, como pertencentes a mundos hostis, como elementos que não devem se misturar por perigo de contaminação.

Vários sociólogos e antropólogos de economia têm demonstrado que o mercado não é uma entidade autônoma, conforme concebiam os teóricos clássicos, mas uma esfera da vida social constantemente transformada por valores sociais, morais e sagrados. Como compatibilizam-se interesses racionais, impessoais e objetivos, próprios das relações de mercado, com os princípios emocionais, pessoais e subjetivos que nos entrelaçam na vida cotidiana? Como dizer quanto vale a vida de um ente querido que se perde por negligência médica? De que maneira se quantifica em moeda um dano moral? Não é tarefa fácil, mas isso não quer dizer que essas compatibilizações não aconteçam diariamente. É importante entendermos esse ponto.

Em *The purchase of intimacy*, a socióloga Viviana Zelizer (2005) demonstra como a história da modernidade ocidental está marcada por um medo constante de que o mercado, visto como domínio do impessoal e da racionalidade, venha a penetrar a vida cotidiana em todas as suas dimensões, o que potencialmente levaria à corrosão do fundamento ético e moral da sociedade. Para ilustrar seu argumento, Zelizer busca, em quase dois séculos de história, situações concretas nas quais a sobreposição entre transações econômicas e relações de intimidade levou a processos judiciais, provocando a arbitragem do sistema legal.

Um exemplo recente é dado pelos pedidos de restituição encaminhados pelos familiares das vítimas do atentado às Torres Gêmeas em 11 de setembro de 2001. Zelizer (2005:32) sublinha:

> No caso de pagamentos decorrentes do 11 de setembro, os críticos frequentemente acusaram as famílias das vítimas de simples e inescrupulosa ganância. No entanto, os recipientes das compensações repetidamente argumentavam que não se tratava de dinheiro.

De que se tratava, então? Como em muitas outras situações de acordos em caso de morte, o pagamento de grandes quantias simultaneamente anuncia a gravidade da perda envolvida e a responsabilidade alheia por essa perda.

Não surpreende, portanto, que o turismo de pobreza provoque debates tão acalorados. À complicada sobreposição entre dinheiro e emoções soma-se outra igualmente "estranha" sobreposição entre lazer e miséria. O fato de alguém se dispor a pagar para ver outro ser humano que sofre e que isso seja feito durante as férias – período associado à diversão e à alegria – exige do cientista social um esforço de interpretação que de simples não tem nada. Tampouco é tarefa simples participar da realização da pobreza turística para qualquer um dos atores sociais envolvidos, quer estejam na posição de quem cobra, de quem paga ou de quem é a "atração".

Para seus defensores, a prática do turismo em áreas pobres incrementa o desenvolvimento econômico da região, a consciência social dos turistas e a autoestima das populações receptoras. Lideranças locais são forjadas, conhecimento e recursos são compartilhados entre pessoas que dificilmente se encontrariam se não fosse pelo turismo. Seus críticos, apesar de reconhecerem o impacto positivo de alguns projetos específicos, apontam pelo menos duas falhas estruturais: em nenhum caso, os moradores das localidades visitadas usufruem em pé de igualdade os benefícios gerados; menos do que conscientização política ou social, o que as visitas motivam são atitudes voyeuristas diante da pobreza e do sofrimento. Observe como as duas formulações interpretativas, a despeito de suas óbvias divergências, apelam tantos aos valores do "mundo econômico" (desenvolvimento, distribuição de lucros) quanto do "mundo das emoções" (autoestima, conscientização, voyeurismo).

Apesar de seu alto grau de volatilidade, já se provou que o turismo acelera o crescimento econômico, em especial em países e regiões desprovidos de meios alternativos de desenvolvimento, como pequenas ilhas-estados e áreas rurais. Porém, "crescimento econômico" não é sinônimo de "igualdade social", como bem sabemos os latino-americanos. E quando se fala em "ações de combate à pobreza" – entre as quais o turismo de pobreza (ou *pro-poor tourism*) poderia se incluir –, não é possível ignorar que há muitas maneiras de definir o que significa ser pobre. Autores como Roberto Katzman (2000) e Gonsalo Savarí (2004) sugerem, por exemplo, que a pobreza urbana deve ser concebida não apenas como carência de recursos, mas, igualmente, a partir da capacidade dos lugares e de seus membros para romper com essa situação.

Essa nova perspectiva interliga os temas pobreza, igualdade e direitos de cidadania. Ao mesmo tempo, explora (e revaloriza) as dimensões socioeconômicas de níveis micro, médio e macro, que limitam a capacidade dos lugares para uma plena integração social. Como resultado, a análise da pobreza alcança um nível de complexidade maior e passa-se, então, a falar em vulnerabilidade, exclusão social e processos de desfiliação, percebidos como resultantes da crescente concentração e acumulação de desvantagens em determinados setores da sociedade.

Em tempos de globalização, o certo é que a indústria do turismo possibilita circular em localidades, transformá-las e consumi-las, criando uma cultura material e uma *economia de sensações* que lhe é específica. O turismo precisa, portanto, ser entendido como um processo social capaz de engendrar formas de sociabilidade que produzem efeitos ainda por conhecer. Os possíveis benefícios trazidos por essa forma particular de contato entre culturas, sobretudo quando examinadas as chamadas *formas não convencionais de turismo*, como a que tomo por objeto, não podem ser nem superestimados nem ignorados. Mas ultrapassa as intenções deste livro avaliar a pertinência ética e econômica dos tours de pobreza – questão sem dúvida necessária e que concerne a todos os envolvidos.

Meu objetivo, como dito antes, é apresentar as várias dimensões do turismo promovido na Rocinha – dimensões que vão muito, muito além do simplesmente econômico – para que você, ao final da leitura, possa se posicionar com maior fundamento nesse complicado debate.

Capítulo 3

Um passeio pela "maior favela da América Latina"

Em setembro de 2006, a Rocinha passou a figurar entre os pontos turísticos oficiais da cidade do Rio de Janeiro. O projeto de lei, de autoria da vereadora Lilian Sá e sancionado pelo prefeito César Maia, justificava a inclusão da favela nos seguintes termos:

> Versátil, multicolorida e com alma própria [...]. Considerada uma das favelas mais urbanizadas do Rio de Janeiro, a Rocinha tem diversos atrativos muito peculiares, além de uma localização privilegiada: mata verde, morros de pedra lisa, praia e um forte sentimento de comunidade. O comércio é muito diversificado [...]. Quem conhece o Rio, pode afirmar que a Rocinha é um lugar privilegiado [...]. Um verdadeiro cenário, onde a natureza se revela por inteiro sem esconder detalhes de sua beleza [...] Nesse clima de alto astral e positividade, a favela da Rocinha obteve mais uma conquista e definitivamente entrou para o roteiro turístico do Rio de Janeiro. [...] [A] Lei nº 4405/06 vai aumentar a integração social entre a cidade e a comunidade, já que

vai ajudar a desmistificar a visão de que a Rocinha é um lugar exclusivamente de violência, e assim possibilitar maiores investimentos tanto do setor público quanto [do] privado.

A inclusão da Rocinha no circuito oficial da RioTur deve ser vista como um reconhecimento tardio de uma prática que se tornara regular desde o início da década de 1990. Os agentes promotores com quem conversei ao longo da pesquisa, a despeito de divergirem sobre quem teria de fato começado os passeios, concordam que a origem da favela como destino turístico remete a ECO 92 (Rio Conference on Environment and Sustainable Development) – o que não deixa de ser algo irônico se lembrarmos que as autoridades governamentais investiram dedicados esforços para isolar as favelas do olhar estrangeiro, contando inclusive com o Exército. O dono de uma das maiores agências atuantes na Rocinha, a Jeep Tour, recorda o processo, apontando para o espontaneísmo da iniciativa:

Na ECO 92 [...] a gente estava fazendo o passeio pela floresta [da Tijuca] e, na volta, a gente estava passando por São Conrado, onde os turistas tiveram a curiosidade de ver a favela. Na época estava tendo aquela coisa de segurança, carro blindado para todo lado, e os turistas filmaram, fotografaram. A gente entrou na favela, e surgiu todo o contraste entre o jipe com os turistas e os canhões apontando para as favelas. Aí foi legal, as agências compraram a coisa, e a coisa foi tomando forma. Então assim foi como surgiu o passeio na favela, da curiosidade de um grupo [...]. As pessoas foram comprando a ideia, a ideia foi crescendo, foi aumentando, foi tomando forma. A coisa foi crescendo por si só, não foi nada programado, simplesmente foi surgindo de forma gradativa ao longo dos anos [...].

De início, a Jeep Tour tinha apenas um carro reservado aos passeios pela favela; hoje, possuiu 38 jipes e capacidade para levar até 280 pessoas por vez. São oferecidas visitas exclusivas à Rocinha de duração média de três horas e também pacotes nos quais a favela é combinada a outras atrações da cidade, como a floresta da Tijuca. Seu público é composto, sobretudo, por grupos trazidos ao Brasil por grandes operadoras internacionais. Em geral, os turistas descem dos jipes em três ocasiões: no ponto de venda de suvenires na Rua 1, na laje do Seu Carlinhos (o pedreiro Carlos José da Silva) e no Largo do Boiadeiro, onde os visitantes caminham em meio a barracas de produtos nordestinos e se impressionam com a variedade do comércio local.

A utilização dos terraços como mirantes informais é prática comum a todas as agências e esse "momento laje" é, sem dúvida, um dos mais apreciados pelos visitantes: com o mar de casas a seus pés, eles podem confrontar a favela com seu entorno, as casas mal alinhadas com os edifícios luxuosos à beira-mar. Os moradores que alugam suas lajes recebem das agências um valor fixo, algo em torno de R$ 2,00 por turista. "Quando algum grupo pede, faço churrasco ou feijoada. Mas, aí, eu cobro por fora", explica Seu Carlinhos. No caso de haver um contrato de exclusividade entre morador e agência, como no caso do Seu Carlinhos e a Jeep Tour, os guias já ficam em posse da chave da casa do morador e sobem com os turistas mesmo se o proprietário estiver ausente.

Em seu site – em meio a imagens de jipes que atravessam paisagens desérticas, cachoeiras pedregosas, estradas esburacadas e lindos litorais – a Jeep Tour antecipa: "Nas trilhas do Rio desde a ECO 92, mostrando o lado alternativo da mais bela e exótica cidade do mundo". Embora não tenha o tour pela favela como sua principal atração, este é sem dúvida um item importante para a promoção que a agência pretende fazer deste "lado alternativo" de um Rio de Janeiro "exótico". Tanto é assim que nos dois principais links do site (depoimentos e galeria de fotos), vê-se a predominância da favela em relação aos demais destinos turísticos.

O exotismo possui uma longa tradição na cultura europeia ocidental e se articula, como sugere o filósofo búlgaro Tzevan Todorov (1984), em torno de três aspectos básicos: alteridade, distância e desconhecimento. O exótico pressupõe, portanto, a exclusão daquilo que é familiar e conhecido; é o espaço da diferença, da radical alteridade – uma experiência de encontro em que o sujeito reconhece a existência do "outro" sem com este se confundir. O gozo do exótico, argumenta Todorov, reside justamente nessa possibilidade de o sujeito afirmar a diferença entre si e aquele que é objeto de sua percepção.

Exotismo não é o mesmo que racismo, pois pressupõe a positivação de certos costumes e valores do outro. Mas isso não quer dizer que tais noções, exotismo e racismo, deixem de compartilhar um longo cardápio de afinidades. Em *Colonial desire*, Robert Young (1995) demonstra o quão dependente foi o projeto colonial britânico da teorização racista que o acompanhou e aponta consensos entre esta teorização e aquela em torno do exótico. Ambas seriam, na argumentação de Young, "teorias do desejo" que se baseiam na existência fantasiosa de uma mestiçagem sedutora. Racismo e exotismo se aproximam, portanto, na confluência do erótico.

Nas narrativas sobre o Rio de Janeiro, produzidas por estrangeiros, o exotismo referido ao erótico e à singular relação entre natureza e cultura é um elemento presente desde longa data. Belinha, a protagonista brasileira do musical norte-americano *Voando para o Rio* (1933), com seus cabelos e olhos negros, é moderna e cosmopolita, "quente" e misteriosa — exatamente como sua cidade. Ela é tão irresistível aos homens que uma de suas amigas norte-americanas, atônita, pergunta: "O que essas garotas da América do Sul têm abaixo do Equador que nós não temos?". Nora, a personagem interpretada por Lana Turner no musical *Meu amor brasileiro* (1953), por sua vez, suspirava: "[...] existe algo no ar do Rio que é capaz de mudar qualquer pessoa". Seduzida pela cidade que lhe parecia o reflexo invertido de sua Nova York fria e racional, a milionária norte-americana chegou a sugerir que a atmosfera romântica do Rio seja engarrafada para exportação.

O "mar de barracos" capturado pela turista com seu celular no "momento laje".
Bianca Freire-Medeiros, 2008

Em paralelo com o que acontece em outras cidades turísticas, as imagens produzidas no estrangeiro acabam por influenciar a autoimagem dos próprios cariocas e a chave que acionam para interpretar sua cidade. Ainda que a "vocação" turística do Rio de Janeiro seja em si uma narrativa, como bem nos adverte Celso Castro (1999), sua condição de destino turístico colabora para que se torne impossível separar as representações produzidas por "eles" daquelas que "nós" mesmos confeccionamos para consumo interno ou para exportação. Como em tantas narrativas autóctones sobre a cidade, o discurso da Jeep Tour remete a uma geografia da imaginação que condensa natureza e cultura, primitividade e vida urbana.

A centralidade do exótico aparece de forma ainda mais explícita na proposta da Exotic Tour. Além do passeio pela Rocinha, a agência oferece visitas a cemitérios e o "Voodoo tour", uma incursão por terreiros de umbanda e candomblé. "A nossa herança africana fascina o estrangeiro porque vem combinada com elementos da cultura europeia e da cultura indígena", teoriza a proprietária Rejane Reis. E completa: "O turista não vai fazer despacho, vai conhecer o ritual, a beleza da cultura". No que se refere aos passeios pela favela, a Exotic Tour traz dois diferenciais interessantes: o tour é feito a pé e conduzido, na maior parte das vezes, por guias de turismo da própria Rocinha.

A agência investe ainda em uma escolinha de formação de guias mirins – Oficina de Turismo da Rocinha – composta de crianças e jovens do local, em que são ministradas aulas de línguas estrangeiras, geografia e história do Rio de Janeiro. A iniciativa é taxada de oportunista pelas demais agências, uma vez que esses guias mirins formados por Rejane Reis não são cadastrados pela Embratur e, portanto, não estão qualificados para atuar fora da favela.

Apesar de os passeios feitos em jipes terem se tornado ícone do turismo na Rocinha, além da Jeep Tour apenas a Indiana Jungle Tours e a Rio Adventures utilizam esse tipo de transporte regularmente. As três argumentam que o veículo aberto possibilita uma percepção mais acurada da paisagem da favela e não veem fundamento para as críticas que acusam o jipe de inspirar a ideia de um "safári de pobres". Arthur Steele, proprietário da Rio Adventures, resume:

> Não tem nada a ver dizer que o jipe desumaniza os moradores da Rocinha. Dizer isso é um absurdo [...]. Desde que isso começou [o turismo na Rocinha], muitas crianças têm aprendido inglês por causa do contato diário com turistas [...]. A curiosidade dos turistas é a mesma que eles têm em conhecer o Corcovado ou a praia de Copacabana. A diferença é que na Rocinha, por eles não conhecerem os costumes e a cultura [sic], preferem ir através de empresas, pois se sentem mais seguros. O jipe garante a vista e a interação.

Para o dono da Favela Tour, Marcelo Armstrong, esse é um ponto de grave discórdia. A agência, que é a única a operar exclusivamente com passeios pelos morros cariocas (Rocinha e Vila Canoas), faz questão de anunciar em seu material publicitário: "not made on jeeps!". O uso de vans é tido como "uma preocupação humanística", segundo o proprietário da agência que, assim como a Jeep Tour e a Exotic Tour, atua no mercado desde 1992. Vale observar que essas três agências disputam, por vezes de maneira agressiva, o título de pioneiras na promoção do turismo na Rocinha.

Em seu site, a Favela Tour antecipa o encontro entre turistas e o suposto cotidiano do morro em traços de arte *naïf*. No desenho, que funciona como logo da agência, os marcos tradicionais da cidade perdem centralidade em favor da favela: no primeiro plano, somos colocados em uma laje, com alguns turistas, de onde vemos a favela e seus casebres; ao fundo, em segundo plano, estão a floresta, a praia, e o Pão de Açúcar. Os turistas, de costas para essas atrações consagradas, fotografam felizes o morro e suas casinhas coloridas. Uma asa delta corta o céu, mas ninguém observa o esportista, pois todas as atenções estão concentradas na paisagem da favela. O único turista que se volta para o fundo do quadro fotografa um garoto descamisado que solta pipa em cima de uma laje.

O site da Favela Tour apresenta também belas imagens fotográficas. Uma delas mostra um grupo de três turistas que parecem abismados diante da imensidão da Rocinha. Estão encostados em um parapeito, mas a fotografia dá a impressão de estarem frente a um imenso penhasco e logo abaixo, e por todo lado, um gigantesco mar de edificações desalinhadas parece engoli-los; ao fundo, como no desenho *naïf*, aparecem a praia, a floresta e o Pão de Açúcar. Fotos de turistas conversando de maneira descontraída numa das vielas de Vila Canoas, estabelecimentos comerciais, casas coloridas, crianças sorridentes, carros velhos estacionados ao longo das ruas – todos esses elementos visuais vão criando aquela moldura interpretativa de que nos fala o sociólogo John Urry (1994) e à qual me referi no primeiro capítulo.

Se ao optar pelas vans como meio de transporte, a Favela Tour busca conquistar "um turista menos aventureiro e mais consciente", como me disse Armstrong, a agência Be a Local, Don't Be a Gringo eleva a proposta de aventura um tom acima: em seus passeios, sobe-se o morro na garupa de velozes mototaxis e se desce a pé e por dentro das apertadas vielas da comunidade. Com a inovação, a agência garantiu a preferência dos mochileiros: "Nossos clientes são jovens, é o pessoal que fica hospedado nos albergues. Eles têm interesse por uma experiência informal e *adventure*, não estão nem um pouco a fim de ficar no esquema turistão", explica o proprietário Luiz

Marcos Fantozzi. Atuando no mercado desde 2003, a agência realiza dois passeios diários na Rocinha, com uma média de oito turistas por vez, e também o roteiro "Favela party" — uma incursão ao famoso baile funk do Castelo das Pedras que costuma reunir celebridades na favela de Rio das Pedras, em Jacarepaguá, zona oeste do Rio.

Hoje essas agências cadastradas na RioTur, que cobram algo em torno de US\$ 35 por pessoa, disputam o mercado na Rocinha com taxistas e guias independentes. Dentre estes, talvez seja Paulo César Martins Vieira — conhecido por todos como Amendoim — o mais solicitado. Morador e liderança da Rocinha (por oito anos esteve à frente da principal Associação de Moradores), Amendoim ganhou visibilidade nacional por sua participação na primeira edição do programa *No limite*, realizado pela Rede Globo em 2000.

Na década de 1970 trabalhava como engraxate na porta do Hotel Nacional — local em que viria a conquistar seus primeiros clientes para visitas à favela. Graças a seu talento esportivo, ainda jovem Amendoim teve oportunidade de morar fora do país e aprender vários idiomas. É o único guia independente, atuante na Rocinha, recomendado pelo *Lonely Planet*. Seu passeio é realizado a pé, mas não passa pelas partes mais pobres do local e a duração, segundo ele, depende da vontade do turista.

Mas se há tantas favelas no Rio de Janeiro, por que todas as agências preferem se acotovelar na Rocinha? Por "razões óbvias", como argumentou Rafael Seabra:

> A Rocinha é uma cidade. É uma favela que tem tudo, é um ponto interessante do Rio de Janeiro. As pessoas são agradáveis, a favela em si é agradável. Você chega na casa da moradora [na laje], a vista é maravilhosa, aquele contraste com Gávea e São Conrado [dois

bairros de elevadíssimo IPTU], então você tem todo um atrativo especial. Além do que, a Rocinha, por estar na zona sul, é mais fácil operacionalmente. No Vidigal, ou naquela do Leme [Morro da Babilônia], você só tem uma entrada e uma saída. Então, suponha que você está lá em cima e acontece alguma coisa embaixo: você não tem como sair. Na Rocinha, não, você tem duas saídas – então operacionalmente ela é muito fácil de se trabalhar. Fora toda história dela, de ser tão grande, a quantidade de gente, tem toda uma estrutura de comércio. É a maior da América Latina, né? Enfim, tem toda uma coisa que como favela ela é um atrativo turístico. Então esse eu acho que é o barato da Rocinha.

Seabra resume e faz ressoar a justificativa que ouvimos de todos os nossos entrevistados para a consagração da Rocinha, que goza o status oficial de bairro desde 1993, como a favela turística por excelência. Apesar de o Armazém de Dados do Instituto Pereira Passos calcular sua população em cerca de 50 mil habitantes, segue sendo apresentada de maneira hiperbólica não apenas pelos agentes do turismo, mas também pela Associação de Moradores que sustenta já se ter ultrapassado a marca dos 200 mil habitantes. "O contraste entre os que têm e os que não têm pira a cabeça dos gringos", explicou-me um dos guias, fazendo referência à proximidade da Rocinha com o tradicional Gávea Golf Club e a elitizada Escola Americana. Mas o contraste também é visível dentro da própria Rocinha, cuja heterogeneidade socioeconômica exige dos promotores do turismo contorções argumentativas para acomodá-la às expectativas dos que vêm em busca da miséria. Rejane Reis, proprietária da agência Exotic Tours, sintetiza:

A Rocinha virou bairro, cresceu muito [...] as pessoas têm ar-condicionado, têm uma vida melhor. Você vê tanto o lado pobre quanto o mais desenvolvido. Mas esse lado mais desenvolvido você só tem na Rocinha. Você não tem em outra favela. Aquele comércio [...]. Então decepciona um pouco os turistas quando você só fica naquela área comercial. Eles ficam achando que a Rocinha não é pobre o suficiente, que não é pobre como essas cidades miseráveis da África. Por isso é importante mostrar tudo, andar pelas vielas para eles verem que tem de tudo lá.

De fato, existe na Rocinha um comércio bastante diversificado que inclui desde as pequenas barracas no Largo do Boiadeiro – uma espécie de feira na qual são vendidos produtos nordestinos, frutas, verduras, carnes etc. – até lojas de material fotográfico e pontos de vendas de telefones celulares. Há ainda locadoras de DVD e lan houses em profusão, padarias modernas, mercados com caixas informatizados, lojas de eletrodomésticos sofisticados, loja de vinhos, vários serviços de entrega em domicílio e estacionamento particular. Boa parte dessas lojas aceita cartões de crédito e débito, o que Licia Valladares (2005) acertadamente identifica como evidência do poder de compra da população local e de sua participação no mercado de consumo. Em todos os passeios, chama-se atenção para a existência de uma agência de correios, de dois bancos, de uma TV a cabo – com um canal exclusivo, a TV ROC –, de rádios comunitárias e de uma casa de show.

Além da localização privilegiada, da diversidade de serviços (que incluem consultórios médicos e odontológicos, clínica veterinária, escritórios de advocacia e agências imobiliárias) e de comércio, dos contrastes externos e internos à própria localidade, a Rocinha teria ainda uma outra característica a seu favor: a familiaridade confortável de seus moradores com a presença estrangeira. Há muito Organizações Não Governamentais (ONGs) de diversos países estabeleceram na Rocinha "um território de intervenção", como bem caracteriza Valladares (2005). Antônio Carlos de Souza, guia de turismo e morador da Rocinha, elabora:

> Eu sempre explico para o turista o seguinte: primeiro, as favelas que estão aqui na zona sul, perto das praias, [nelas] o turista é menos *alien* do que nas favelas mais distantes [...]. A gente pobre daqui está muito acostumada com gringo [...]. O turista, de certa maneira, não é tão estranho porque a gente está na zona sul, de frente para o Hotel Inter [Intercontinental], a gente vê turista, joga frescobol na praia com o turista. Segundo, a Rocinha já é uma favela turística oficialmente, ao longo desse tempo. Terceiro, sempre teve estrangeiros do mundo inteiro morando na Rocinha.

A promoção da favela turística, obviamente, não poderia prescindir do comércio de suvenires e existem quatro pontos em que a venda de produtos para turistas se dá de forma menos ou mais organizada. Um desses locais é o Centro de Artes Geisa Gonçalves, cujo nome homenageia a jovem professora, residente na Rocinha, que foi morta no sequestro do ônibus 174 em junho de 2000. Desde 2004, o espaço reúne vários trabalhos de artesãos locais: quadros, roupas, bijuterias e enfeites feitos de material reciclado. Localizado entre a quadra da Escola de Samba Acadêmicos da Rocinha e o CIEP Ayrton Senna, a iniciativa é o resultado de um trabalho coletivo, como conta José Luiz Summer, o coordenador do centro:

> Tínhamos muitos artistas e artesãos aqui na Rocinha. O Sebrae, na época, detectou isso e apoiou a ideia de que houvesse uma grande oficina com essas pessoas e que depois fosse criado um espaço para que os turistas viessem comprar nossos produtos. Inicial-

mente o Sebrae alugou uma loja no Shopping da Gávea para expormos nossos produtos. A ideia era que o Sebrae desse a estrutura inicial e depois a gente se tornasse autossustentável. A loja lá durou cinco anos [...]. Aí conseguimos um ponto na Rocinha. Primeiro era lá em cima [na parte alta da favela] e depois passou aqui para baixo, só que sendo aqui nós perdemos um pouco porque tem algumas agências que não passam por aqui.

Outro ponto de venda de suvenires é o Centro Comunitário Alegria das Crianças, frequentado com exclusividade pela agência Exotic Tour. Os turistas conhecem as instalações da creche, interagem com as crianças, são informados sobre o trabalho que a agência desempenha e depois são levados a uma sala onde são produzidos e vendidos tapetes, panos de prato, cestas, bonecas de pano, bolsas e quadros.

Alguns jovens e crianças vendem artesanatos na Roupa Suja, uma das áreas mais precárias da Rocinha. Utilizando banquinhas improvisadas, comercializam de forma bastante informal, e não muito lucrativa, bijuterias e pequenos quadros que eles mesmos produzem. Concorrem, em certa medida, com um ateliê visitado com exclusividade pela agência Be a Local. Nesse ateliê expõem jovens artistas – em grande parte moradores da Rocinha – que dizem não se ressentir pelo fato de serem visitados apenas por uma única agência: como justificou um de nossos entrevistados, os turistas que vão até lá estariam dispostos a pagar preços altos pelos produtos à venda e valorizariam mais os quadros grandes e elaborados.

Mas é na Rua 1, na parte alta da Rocinha, onde se dá efetivamente o comércio de suvenires. Essa é uma das principais vias de acesso à localidade, onde há casas com um ou mais andares, pequenos prédios e alguns estabelecimentos comerciais (chaveiro, mercadinhos, bar etc.). Concentram-se ali os moradores que hoje têm como renda principal, senão exclusiva, a comercialização de suvenires, e a maioria das agências inclui a Rua 1 como ponto de parada de seus passeios.

A localização garante a vista privilegiada de outras atrações turísticas da cidade – Cristo Redentor, Lagoa Rodrigo de Freitas e Pedra da Gávea – e da Escola Americana, cuja presença inspira, via de regra, os guias a falarem sobre o tema da iniquidade social, que é tratada como marca da sociedade brasileira. Esse ritual de apresentação, que começa com informações gerais sobre a favela e o país, é complementado, em seguida, por explicações sobre os suvenires ali dispostos: o guia passa rapidamente em frente de cada uma das oito barracas, apresenta alguns produtos e assegura aos turistas de que não precisam se precipitar porque lhes será dado tempo suficiente (entre 15 e 30 minutos) para comprar o que gostarem e também para tirar fotos.

Concluído o ritual de apresentação, os turistas se dispersam e cada um se dirige para a barraca que mais lhe chamou a atenção. As compras são feitas, geralmente, pagando-se em real, mas aceitam-se também dólares ou euros e até mesmo pagamentos "fiados" que, segundo nossos informantes, é prática frequente. "Os turistas têm medo de trazer dinheiro, têm medo de serem roubados aqui na comunidade. O pessoal dos hotéis fala para eles terem cuidado, e eles acabam trazendo pouquinho dinheiro", explica um dos artesãos. Com consentimento prévio dos vendedores, o guia sugere ao turista que leve o suvenir desejado e pague depois, no hotel. Quando percebem que os turistas já compraram o que queriam, que não vão comprar ou que o tempo do passeio está apertado, os guias reagrupam os turistas e prosseguem o passeio.

Se há calorosas controvérsias entre os agentes promotores a respeito de quem teria iniciado as atividades turísticas na

Rocinha, o mesmo fato não ocorre quando o assunto é a comercialização de suvenires. As explicações dos vendedores com quem conversamos sobre a transmutação da Rua 1 no "point" privilegiado de vendas convergem para o que nos foi relatado pela artesã Mary:

> Quem começou a reparar a presença dos turistas aqui primeiro foi meu ex-marido, e foi ele o mentor desse projeto. Começou levando as crianças para o fundo do quintal para ensinar a pintar [...]. Então ele resolveu começar a vir para rua aos domingos para ensinar os meninos a pintar na rua [...]. Os turistas vinham e, para ajudar o projeto, compravam o trabalho das crianças [...]. Meu ex-marido escolheu montar a barraca aqui na Rua 1 porque já era um ponto em que os turistas paravam para olhar a vista. Mas não tinha ninguém ainda, não tinha nada. Quando nós começamos, era muito precário, não tínhamos essa estrutura.

Atualmente, cada vendedor tem uma barraca em um ponto fixo e todas são enfileiradas lado a lado. É preciso chegar sempre um pouco antes de 9 horas, quando se iniciam os primeiros tours, para montar as barracas e arrumar os produtos. A jornada de trabalho só termina depois que passa o tour da tarde (por volta das 16 horas), quando então são desmontadas as barracas que permanecem com as lonas amarradas no próprio local. As ferragens e as mercadorias são guardadas no entorno, num cantinho que cada vendedor aluga.

Na Rua 1, moradores encenam a autenticidade que acreditam ser de interesse dos turistas, e turistas desempenham o papel do visitante simpático, sensível às diferenças culturais. Quando na presença dos turistas, os vendedores interagem de maneira harmônica, mantêm uma aparência alegre e, não raro, simulam a execução de algum tipo de trabalho manual como estratégia para atrair a atenção de seu público consumidor.

Os turistas frequentemente exprimem reações de surpresa – as mãos em concha levadas à boca e a exclamação "oh" diante de determinados produtos. Essas reações encenadas pelos turistas são pragmaticamente importantes para os vendedores, funcionando como "pistas" que inspiram a confecção de certos produtos. Solange, moradora da Rocinha desde os anos 1980 e vendedora de suvenires desde 2006, explica:

> O Cristo [Redentor] aparece [nos quadros] porque eu percebo que essa é uma paisagem que, sempre que eles chegam aqui, o guia chama "come on, come on". Os turistas veem e falam "oh". Então tem que ter, faz parte.

Os ícones do Rio de Janeiro turístico são pintados "na hora" pela artista.
Bianca Freire-Medeiros, 2008

"Suvenires são o que o viajante traz consigo — representam materialmente o vínculo entre o lugar visitado e o lar para o qual se retorna", afirmam Freire-Medeiros e Castro (2007:35). "Para além de seu status de objeto tridimensional, diretamente utilitário ou não", argumentam os autores (2007:35), "suvenires funcionam como marca de uma certa experiência cultural plena de capital simbólico capaz de conferir status àquele que o possui". A partir de pesquisa realizada em lojas de suvenir do sudeste dos Estados Unidos, Kristen Swason (2004) observa que a preferência dos turistas tende a convergir para os objetos que têm evidente relação com a localidade visitada, que são considerados autênticos (isto é, não industrializados, feitos à mão) e originais. São levados igualmente em conta atributos que dizem respeito não apenas ao objeto em si, mas também às condições de trânsito e uso.

No caso do turismo em favela, a essas variáveis somam-se aquelas relativas à complicada dialética entre ética e estética, entre atributos morais e qualidades visuais dos produtos. Quando perguntamos a um turista norte-americano por que havia decidido comprar um dos quadros comercializados na Rua 1, ele justificou:

> Escolhi este pelas cores, o sol, o Cristo. Apesar de algumas pessoas não considerarem isto como arte, eu considero. Na minha casa, eu tenho pinturas e desenhos de lugares que eu visitei e quero ter também uma pintura da Rocinha.

Não raro, os turistas buscam equilibrar uma postura "politicamente correta" com o desejo de levar consigo algo que lhes parece "de bom gosto". Como argumentou uma turista australiana:

Eu prefiro comprar alguma coisa aqui do que na cidade [sic] porque aqui eu posso ter um contato em primeira mão com o produtor. Além do que, esta pulseira de sementes verdes combina perfeitamente com os brincos que eu estou usando!

A ansiedade que mobiliza os turistas diante dessa complicada equação não passa despercebida aos vendedores. Um dos artesãos observa:

Quando o vendedor é criança, o gringo pensa: "ah, é uma criança pintando!". Aí eles acham que qualquer coisa está bom! Mas quando o vendedor é adulto, eles compram pelo objeto mesmo.

Há uma variedade de produtos "by Rocinha": bolsas e cintos de anel de alumínio; ímãs e mini maquetes feitas com caixas de remédio, de fósforo e com fios de telefone; bolsas e chapéus de sacolas plásticas. Taco, madeira reaproveitada e vinil transformam-se em quadros que oferecem imagens do Cristo, da paisagem que se vê do alto do morro, das casas da favela. Não estão disponíveis para venda livros, postais ou quaisquer outras mercadorias produzidas em série; mesmo o CD comercializado por Ivson, cantor e compositor que divulga ali seu trabalho desde 2003, tem uma dimensão artesanal na medida em que os encartes são desenhados à mão pelo artista. Mary explica:

O que os turistas mais admiram é a reciclagem. Eles acham interessante porque aproveitamos coisas que vão para o lixo e fazemos produtos que ninguém diz que são feitos, por exemplo, de bolsa de supermercado, como esse chapéu [...]. Outro exemplo é esse ímã de geladeira feito de fundo de armário, caixinhas de chiclete e de bala [...] a moldura é feita de persiana que as pessoas jogaram fora. Usamos ainda caixa de fósforo, caixas de remédio. Os fios são feitos com os cabos telefônicos que a Telemar joga fora porque não serve mais para eles e eu cato [...].

Um produto em particular chamou-me atenção: uma placa com os dizeres "ROCINHA: A PEACEFUL AND BEAUTIFUL PLACE – COPACABANA – RIO DE JANEIRO".

A favela turística anunciada como bela e pacífica.

Bianca Freire-Medeiros, 2006

A Rocinha é promovida como um local "pacífico" e "belo", assim como Copacabana, cartão-postal há muito legitimado no ideário turístico. As cores escolhidas – verde e amarelo – sugerem, ainda, um outro plano de identificação, em que a Rocinha se coloca como parte da nação brasileira a despeito das representações hegemônicas que recorrentemente a excluem.

De uma presença marginal, a favela é transformada discursivamente em parte central da sociedade brasileira. Essa mesma lógica aparece na fala de Marcelo Armstrong, da Favela Tour:

> É um passeio para, a partir da favela, você ter um entendimento muito mais profundo da sociedade [...]. A sociedade do Rio envolve favelas, a sociedade do Brasil envolve favelas, então a gente vai falar sobre esses vários assuntos: política, condições de trabalho, saúde pública, arquitetura, Carnaval, futebol, posse de terreno público, educação [...]. É um passeio muito sociológico.

A ideia de que, a partir da favela, é possível explicar o Brasil como um todo e de que a Rocinha representa um microcosmo do país — a favela como uma geografia mítica em que se condensam floresta, litoral e sertão — é reforçada pela cultura material que os suvenires fazem circular mundo afora. Mais uma vez, a artesã Mary nos ajuda a entender essa lógica mostrando um de seus quadros:

> [Alguns] quadros tem a palavra Brasil, Rio de Janeiro [...]. Vou contando neles a história do Brasil. Isso aqui é um mapa [...]. Tem quatro mapas no quadro. Esse primeiro representa a floresta amazônica, porque ela é bem conhecida internacionalmente. Esse segundo mostra Lampião e Maria Bonita porque eles fazem parte da história do Brasil. Esse aqui representa o Sertão, mostrando um homem com um filho morto no braço, por causa da fome [...]. A casa dele é bem pobre, mas o sonho dele é ter uma casa bonita. Esse aqui representa o Carnaval, o samba que o Rio de Janeiro tem. Bahia e as baianas, capoeira, a praia, o Cristo, a Lagoa, a cidade, os Arcos da Lapa, a Igreja Catedral, o Pão de Açúcar, a favela, a Orquestra Sinfônica e o samba [...]. Eu posso até pintar a praia,

mas tem que ter a favela, para quando eles [os turistas] levarem para casa, mostrar que estiveram na favela, entende?

Há variações nos discursos que cada agência prepara e com os quais capacita seus guias, mas de maneira geral as favelas são descritas nos passeios como territórios marginais à cidade formal, cuja origem remete à negligência do poder público e à ganância das elites locais. Os guias costumam ressaltar que, nos últimos anos, esse quadro vem sendo alterado, com a progressiva incorporação das favelas ao asfalto, sendo as obras do projeto "Favela-Bairro" o exemplo recorrentemente citado. São dadas, também, instruções gerais aos turistas: ignorar eventuais provocações, não interromper a passagem dos moradores nas ruazinhas estreitas e não dar esmola – isto porque "a gente não quer estimular a profissionalização da miséria como instrumento de trabalho", como explicou Luiz Fanzotti, da Be a Local. Não deixa de ser um tanto irônico que aqueles que fazem da pobreza mercadoria sejam os mesmos que denunciam o efeito perverso da prática da esmola e da caridade direta.

Nos inúmeros passeios de que participei com minha equipe, eram sempre destacadas as supostas peculiaridades da favela em relação ao restante da cidade: a arquitetura ímpar, o recurso insistente ao criativo "jeitinho brasileiro" (o chamado "gato de luz", presente por toda a favela, seria o seu melhor exemplo), a espontaneidade alegre da população e sua submissão às leis do "poder paralelo". Não é incomum comentarem que, graças a essas leis violentas e arbitrárias, roubos, furtos e estupros são praticamente inexistentes na localidade.

Apesar de a maioria das agências evitar as ruas em que há venda de drogas ilícitas e recomendar que não sejam tiradas fotos de pessoas armadas, o tráfico e suas práticas violentas são temas inevitavelmente abordados durante os passeios. Em junho de 2002, depois que um jornal carioca acusou a Favela Tour de fazer apologia do tráfico de drogas, a RioTur retirou a agência de seu cadastro, o que provocou a indignação justificada de Marcelo Armstrong. Alguns guias – e não apenas aqueles que trabalham para a Favela Tour – explicam com maiores detalhes as disputas entre as facções Comando Vermelho, que por muitos anos liderou o tráfico no morro, e a ADA (Amigo dos Amigos), que atualmente detém o controle da venda de drogas. Nesse sentido, as agências capitalizam, em maior ou menor medida, a ansiedade contemporânea entre liberdade e segurança descrita por autores como Zigmunt Bauman (2001) e Anthony Giddens (1991), prometendo oferecer aos turistas um contato seguro com a violência armada. Em seu material publicitário, responsabilizam-se pela segurança de seus clientes e os incentivam a trazer suas câmeras fotográficas e filmadoras.

Todos os donos de agências afirmaram veementemente que não dão qualquer quantia aos traficantes e que jamais houve nenhum tipo de interferência dos "donos do morro" no *business* turístico. O guia independente Amendoim é enfático: "Aqui agência não paga pedágio. Duvido! Não paga. O tráfico vai cobrar o que, se eles já têm a droga para vender? Vai cobrar de mim, de você, que somos operários?". Não tenho, por razões óbvias, como verificar se é feito algum pagamento de "pedágio", mas há por certo uma inevitável convivência, que pode ser menos ou mais estreita.

Em 5 de abril de 2008, o jornal *Folha de S.Paulo* fez uma matéria com o guia Pedro Novak, dono da agência Private Tours, que prometia proporcionar encontros entre turistas e "soldados do tráfico" na Rocinha. À reportagem incógnita teria sido permitido, inclusive, fotografar o suposto traficante armado cuja única preocupação foi garantir que seu rosto não aparecesse. Quando a verdadeira identidade do "turista" foi revelada, Novak defendeu-se dizendo não ver conduta criminosa ao levar estrangeiros à favela e apresentá-los a traficantes de drogas. Vale lembrar que, não havia muito tempo, policiais tinham se deixado fotografar simulando uma cena de violência com turistas estrangeiros, sob a alegação de que estariam melhorando a imagem da cidade no exterior.

"A favela é parte da cidade, não precisa de autorização de ninguém para subir lá. Se alguém diz que precisa de autorização está mentindo", Novak fez questão de dizer à *Folha de S. Paulo*, confirmando o que me havia sido sustentado pelas demais agências. Ainda que não precisem de autorização do tráfico para transitar na Rocinha, o fato é que os guias turísticos estão expostos a pressões e situações de perigo que não são vivenciadas pelos proprietários das agências. Um dos guias, morador da Rocinha desde criança, narrou-me de maneira bastante reticente e emocionada o seguinte episódio:

É um problema muito sério, o tráfico. Eu já tive problemas várias vezes, mesmo sendo morador daqui. O último problema que eu tive foi tão sério, mas tão sério que [...] o responsável pela situação toda acabou sendo chamado [pelo "dono do morro"] sem que eu fosse apelar a ninguém. Ele foi chamado atenção porque a coisa foi muito, muito braba, entendeu?
O dono de agência, não é ele que fica aqui. Ele nem quer saber como é feito [...]. A gente [os guias] está muito mais exposto [...]. O problema maior é a questão da fotografia [...]. Quando você está com um grupo muito grande é difícil conseguir controlar todo mundo [...]. O medo [do traficante] é ter alguém envolvido [com a imprensa] infiltrado no grupo [...] às vezes o cara vem e [diz] 'porra, meu irmão! o cara tirou foto aí!'. Aí eu peço para [o turista] apagar. Mas o que eu tive foi muito mais sério. Foi meia hora de truculência mesmo. Foi muito grave.

A minha habilidade fez com que o turista segurasse a onda. Mas foi tão grave que depois eu tive vontade de chorar [...]. Eu consegui remediar a coisa. Eu segurei toda a carga. Mas depois de ter feito um trabalho maravilhoso [...]. Os turistas estarem fascinados! Fascinados! No final [do tour] acontece uma coisa [agressão] dessas. Eu fiquei decepcionado. Como se tudo que eu tivesse falado [sobre as qualidades da Rocinha] tivesse perdido a importância [...].

Apesar de me terem sido relatados episódios tensos com pessoas ligadas ao tráfico ou por conta de balas perdidas, todos os nossos entrevistados – sejam os donos das agências, sejam os guias, sejam os representantes da Associação de Moradores – concordam que não existe perigo para os turistas que fazem os passeios em dias normais e que, na verdade, o turismo na Rocinha tem por consequência desestruturar a lógica que associa favela e violência.

Como coloca a agência Favela Tour em seu site:

O tour transforma a sua reputação [das favelas] como áreas relacionadas apenas à violência e pobreza. Não fique envergonhado, você é bem-vindo e as pessoas do local apreciam a sua visita.

Rejane Reis corrobora:

Queremos mostrar que a favela não é um lugar onde vivem apenas criminosos. A maioria de lá é gente decente e trabalhadora. E o mais importante de tudo é que eles têm essa alegria, esse calor que encanta o turista.

Isso não quer dizer que os turistas não venham em busca da excitação do perigo, como veremos no próximo capítulo. Todos os agentes turísticos que atuam na Rocinha e com quem conversei se definem como "éticos". Acreditam que seu negócio tem uma "dimensão social" importante na medida em que "aumenta a autoestima do favelado que recebe gente do mundo todo querendo conhecê-lo", como explicou Antonio Nápoles, dono da agência Indiana Jungle Tours. O investimento na autoestima, demonstra a antropóloga Patrícia Lanes (2006), é visto hoje como necessário no combate a discriminações e desvantagens as mais variadas.

No caso específico das favelas, iniciativas que vão na direção do resgate da autoestima costumam ser consideradas válidas porque, no caso desses territórios e de suas populações.

> [...] ilegalidade e carência material se associam cada vez mais a atributos diversos, sempre sob o signo da falta, na produção e reprodução da imagem social dos(as) favelados(as), com os conhecidos efeitos na constituição de sua autoimagem, cujo exemplo mais claro talvez seja a autorreferência como comunidades carentes (Machado da Silva e Leite, 1994).

Forma-se, então, um círculo vicioso: esses mitos e representações justificam a "necessidade" de criação de projetos que invistam na recuperação da autoestima dos moradores de favela, que é constantemente abalada pela reiteração desses próprios "mitos" de que, sem dúvida, a atividade turística se alimenta e os quais ajuda a perpetuar.

A agência Favela Tour é responsável pelo funcionamento de um projeto social na favela de Vilas Canoas, a Exotic Tour promove a oficina de guias mirins, e a agência Be a Local auxilia uma creche na Rocinha. Entretanto, esse trabalho é feito por algumas agências, o que não significa que seja feito por todas, assim como estar disposto a fazer caridade não significa aceitar divisão de lucros.

O dono de uma das agências com quem conversei resume:

> Eu não encaminho nenhuma ação social. Eu não sou nenhum agente social da favela. Não é essa a minha função. Minha função é mostrar o que a favela realmente é para apagar aquela eventual imagem negativa que os turistas tenham e para promover a cidade também [...]. É uma função que eu olho do ponto de vista patriótico, econômico para o país, porque melhora a imagem do país lá fora, e é um atrativo turístico para o pessoal vir mais.

Se o tema da "dimensão social" pode ser, em última instância, contornado pelos donos das agências, no caso dos guias turísticos esse descolamento torna-se bem mais complicado. A convivência cotidiana com os moradores, não raro, acaba por gerar vínculos de afeto com alguns e um senso de compromisso com a localidade – ou com pelo menos parte dela. O nível de frustração dos guias que atuam ou atuaram por muitos anos na favela, pelo que pude observar, é surpreendentemente alto para um *trade* em expansão. Não se trata tanto de um desapontamento com baixas remunerações (os guias costumam ganhar em torno de R$ 50,00 por passeio) ou com a precariedade das relações de trabalho, mas de um descrédito crescente no papel do turismo como agente de transformação social, mesmo quando as agências financiam projetos assistenciais. Reproduzo a fala de uma guia turística que, durante oito anos, trabalhou exclusivamente com favela:

> O que começou a me irritar um pouco é que, com o passar do tempo, eu fui vendo que toda aquela parte teórica daquele projeto social que eu passava [para o turista] com o maior entusiasmo, na prática ela não era bem assim [...]. Eu comecei a me questionar: até que ponto essas pessoas que ganham dinheiro

com a comunidade, fazendo tour dentro das favelas, têm seriedade com o projeto? E isso passou a me incomodar [...]. Você pode fazer o turismo na comunidade, ganhar o seu dinheiro, mas também deve ter essa preocupação, essa responsabilidade social, essa preocupação com o desenvolvimento social da comunidade [...].

Na fala destacada acima, há um mal-estar evidente em torno dos ganhos obtidos com o turismo por parte das agências e de sua utilização de fachada em projetos sociais. No caso da favela turística, o que se entende por *responsabilidade social* pode, de fato, ocupar um espectro bastante amplo de definições. Antonio Carlos – o Toninho – definiu essa expressão nos seguintes termos:

O que é responsabilidade social? Quando um turista vem, ele vem impregnado de informações que ele viu lá no país dele. Ou até os brasileiros, os poucos que vêm, vêm impregnados com informações de RJ TV [telejornal da Rede Globo]. O que eles não têm é informação social. Se eu não tiver alguma coisa que desafie essa imagem que ele tem de favela, ele vai entrar e sair com a mesma opinião. A gente não omite que há problemas na favela, mas se vende ao turista um outro lado... o lado social, o lado histórico das favelas. E o que se percebe é que muitos guias não estão muito interessados nesse negócio da informação, desses detalhes minuciosos [...].

É interessante observar que para alguns guias – e também para muitos moradores, como veremos no capítulo cinco – a ideia de manter um compromisso com a localidade não significa, necessariamente ou apenas, repassar divisas e dividir lucros. Referem-se a elementos intangíveis que remetem ao campo da dádiva em seu sentido mais amplo, ou seja, à obrigação de retribuir a acolhida dos moradores com respeito e reconhecimento. Gerardo Milloni, que trabalhou durante nove anos como guia na Rocinha, resume:

> Se você é uma pessoa que vai entrar e vai *falar de*, você tem que *falar com*... Eu me afastei da [empresa em que trabalhava], entre muitas coisas, [porque] começaram a contratar qualquer um para entrar na favela sem nenhum problema. A comunidade é tão magnífica que aceita isso, absorve e tolera isso – mas não tolera tanto. O prêmio sempre é entrar com um espírito solidário, mas solidário no sentido não econômico ou de objeto. Solidário de sentimento, de dizer "eu estou com vocês, incondicionalmente", para ser parte da comunidade. Você entra na favela, na comunidade, e nesse instante você é convidado, mas ao mesmo tempo você tem que sentir que é parte da comunidade, que você não é só um visitante. Visitantes são os que você leva. Se você está visitando – no meu caso há 9 anos todos os dias da semana, não é de um visitante que estou falando [...].
> Os proprietários das agências têm seu negócio – e temos que respeitar quem nos dá de comer – e todos temos que ver esse lado [do] *business*. Mas se nós, guias, virmos só o lado do *business*, estamos fritos.

Por um lado, o *self* dos guias se torna parte do produto *favela turística* que está sendo por ele trabalhado e vendido; por outro, o próprio *self* tem de acomodar as identidades produzidas e vendidas pelas instituições de turismo. É nesse sentido que o geógrafo Philip Crang (1997) aponta para um drama de difícil solução: hoje, aqueles que, como os guias turísticos, trabalham produzindo sentimentos – os chamados *trabalhadores emocionais* –, por um lado, veem suas performances e emoções serem desvalorizadas por consumidores cada vez mais conscientes do caráter performativo de suas interações; por outro, eles mesmos se autodesvalorizam, porque também compartilham a ideia de que sentimentos produzidos sob encomenda, por dinheiro, não são propriamente legítimos e ferem sua autonomia como indivíduo.

Os dilemas cotidianos vivenciados pelos guias são, portanto, exemplares do que foi dito no capítulo anterior sobre as consequências advindas da sobreposição entre atividade econômica e intimidade, interesses e sentimentos. Todos têm consciência de que a dimensão econômica é integral e inevitável, mas isso não impede que fortes sentimentos conferiram significado especial à sua atividade profissional. Em um contexto no qual os atores sociais envolvidos ocupam posições tão assimétricas, os guias acabam ocupando o lugar nada confortável de intermediários entre agências e turistas, entre turistas e moradores.

Sociológicos ou não, mais engajados em projetos sociais ou avessos a tais iniciativas, o fato é que os passeios não oferecem à Rocinha a chance de usufruir em pé de igualdade os benefícios econômicos gerados com o turismo. Os turistas gastam pouco durante a visita e, como não há nenhum tipo de distribuição dos lucros, os capitais suscitados pelo turismo são reinvestidos apenas minoritariamente na favela e sempre pela via da caridade. Mas, como os relatos citados comprovam, o problema ético da promoção e do consumo da pobreza turística ultrapassa largamente a jurisdição do econômico. Muitos dos que consomem a favela como atração não se colocam alheios às polêmicas suscitadas e se posicionam a respeito. A opinião dos turistas, suas justificativas e impressões são o tema de nosso próximo capítulo.

Capítulo 4

Gringos, câmeras, ação!

E eu, seguindo a moçada, quis conhecer o Morro. Há lugares na capital que gozam de má reputação, mas quando os visitamos nos convencemos de que de mal só têm isso: a reputação.

Assim se encontra o Salgueiro, favela de gente humilde, de trabalhadores, nem mais nem menos do que as que existem em todas as grandes cidades do mundo, com uma diferença a seu favor, a topografía propícia à higiene das casas que, apesar de modestas, não se amontoam em perigosa promiscuidade e têm mais categoria que as de alguns bairros extremos de Paris, por exemplo.

Aos moradores, é justo devolver-lhes a reputação que lhes foi furtada com fins literários umas vezes, e de premeditada difamação noutras. Não; as coisas em seu lugar. Eu fui aos morros de dia e de noite e só tive que cruzar com pessoas educadas que ao passar me saudaram amavelmente (CASAIS, 1940:18).

José Casais, embaixador espanhol em missão diplomática ao Brasil em início da década de 1940, escreveu o trecho acima como parte de seu livro *Un turista en el Rio de Janeiro*. Nessas memórias de uma viagem que duraria dois anos, Casais insiste que não pretende reproduzir os já conhecidos estereótipos sobre os Trópicos. Talvez por isso ele tenha feito questão de descrever o Morro do Salgueiro de maneira tão atraente e elogiosa, contrariando as narrativas dos jornalistas-observadores, dos médicos, dos urbanistas e dos assistentes sociais que – como adverte Licia Valladares (2005) – dirigiam às favelas um olhar em geral reprovador.

Antes de Casais, outro embaixador, Hugh Gibson, também registrou em detalhes sua visita a um dos morros da cidade em *Rio* (1939) – primeiro guia de viagens escrito em inglês sobre a então capital do Brasil. O relato do embaixador norte-americano, no entanto, apresenta-nos uma favela bem menos receptiva do que a de Casais. Sem revelar ao leitor qual localidade fôra visitada, esse diplomata de carreira, caçador e fotógrafo nas horas vagas, discorre sobre uma favela genérica, descrita como um "espaço indigente" no qual os "negros fumam maconha" e "praticam a macumba... esse estranho conglomerado de crenças, superstições e práticas". Gibson nos conta que subiu o morro para ter "a excitante oportunidade" de participar do que ele chama de "ritual vodu" e de se juntar aos moradores – "população negra mais ignorante" – para beber cachaça (Gibson, 1939:67).

No final da década de 1940, o escritor francês Marcel Camus também viajou pelo Brasil e, quando no Rio de Janeiro, subiu uma das inúmeras favelas que já despontavam na paisagem da zona sul carioca. O registro entusiasmado que fez dessa experiência em seu *Diário de viagem* (2004) contrasta com o tom enfadonho que impinge à crônica de sua passagem pelo Rio, cidade que ele descreve como uma mescla de elite desgostosa e cínica, de natureza sufocante e de trânsito anárquico. Na favela, porém, o romancista francês encontra a recompensa para as penas impostas pela viagem:

> Inúmeras negociações antes de entrar nessa verdadeira cidade de madeira, zinco e bambus, agarrada ao flanco de um morro que dá para a praia de Ipanema. Finalmente, dizem-nos que podemos ir a uma consulta (como carta de apresentação é bem verdade que temos duas boas garrafas de cachado [cachaça]) com uma senhora do local. Entramos na noite entre barracos, de onde saem ruídos de rádio ou roncos. O terreno fica às vezes na vertical absoluta, escorregadio, cheio de imundices. É preciso um bom quarto de hora para chegar, sem fôlego, ao barranco da pitonisa. Mas no terreiro, diante do barraco, vem a recompensa – a praia e a baía, sob a meia-lua, estendem-se, imóveis, diante de nós (Camus, 2004:95).

Hugh Gibson, José Casais e Albert Camus foram parte do que Luiz Edmundo, o cronista do Rio, chamou de "corajosos ingleses" – visitantes que passeavam pela cidade "com roupa xadrez, boné de pala e binóculo a tiracolo, indiferentes aos perigos da febre amarela" (Edmundo apud Freire-Filho, 2004: 28). Também estiveram em andanças pelas favelas o poeta futurista Fillipo Marinetti em 1926, o arquiteto e urbanista Le Corbusier em 1929, o diretor de cinema Orson Welles em 1940. Não se trata, portanto, de uma novidade, como bem observa Beatriz Jaguaribe (2006) em seu artigo sobre a presença estrangeira nas favelas. Porém, como visto no capítulo anterior, foi apenas na década de 1990 que essa presença tornou-se massiva e que de fato se constituiu um mercado para a pobreza turística no Rio de Janeiro.

Quem são esses homens e mulheres que escolhem pagar por uma visita a um território associado à pobreza e à violência, em geral temido e evitado pelas elites locais? De onde partem e em busca exatamente de que realizam o passeio pela Rocinha?

> É um cara que não é um marinheiro de primeira viagem, não é o cara que está saindo pela primeira vez do país dele. É um cara mais viajado. Em geral mais culto, mais informado [...] que quer sair do lugar comum, que quer experimentar um pouco mais da cultura além do cartão-postal. Dentro desse perfil existem pessoas que têm uma experiência específica. O cara é arquiteto e quer saber como é a estrutura de uma favela. O cara é sociólogo, o cara é professor de geografia, o cara viu *Cidade de Deus* e quer contrastar aquilo que ele viu no filme com a realidade.
> Tem mais europeu, mas não é somente europeu. Europeu é, vamos dizer, 60% e 25% é americano. O restante, de outros lugares do mundo (Marcelo Armstrong, proprietário da Favela Tour).

Pedro Novak, da Private Tours, concorda que o público consumidor da favela turística muitas vezes é composto por "pessoas que têm interesse por sociologia, por causas sociais". E completa: "Vai de estudantes até terceira idade. O espectro é amplo, varia muito". Novak também atesta uma relação direta entre a popularidade internacional do filme de Fernando Meirelles e o incremento do turismo na área: "[Os turistas são] justamente aqueles que viram *Cidade de Deus* ou já ouviram falar da favela e têm curiosidade".

Todos os donos de agência que entrevistei anuem que há mais europeus do que norte-americanos interessados em conhecer a Rocinha e que turistas brasileiros são raríssimos. Rafael Seabra, da Jeep Tour, ofereceu uma explicação interessante para essa ausência:

Por que eu não trabalho com público nacional? Porque ninguém tem a menor curiosidade de saber se é verdade mesmo [o que se diz sobre a favela]. O brasileiro tem aquela ideia fixa sobre o que é a favela e não entra, não vai e não quer saber.

As observações de campo realizadas desde fevereiro de 2005, as entrevistas com 56 turistas, bem como a análise de seus blogs e fotologs (registros virtuais de sua experiência de viagem), permitem confirmar a percepção dos agentes promotores do turismo na Rocinha acerca de sua clientela: os turistas são, em sua quase absoluta maioria, estrangeiros. A maior parte encontra-se inserida profissionalmente no setor terciário e já teve experiências de viagem em circuitos "alternativos" mundo afora. O guia Carlos Antonio, por exemplo, detalhou:

Quando o turismo na Rocinha começou, [os turistas] em sua grande maioria eram antropólogos, psicólogos, sociólogos e arquitetos. Esse foi o perfil do primeiro turista que vinha na favela. Depois isso foi mudando, foram vindo outros tipos de pessoas. Diversificou muito! E hoje em dia você não tem mais um critério certo... Vai do "mochileiro" ao grande executivo do Meriott e do Copacabana Palace. Esse é o perfil do turista hoje, é diversificado [...].

Trata-se, sem dúvida, de um grupo muito heterogêneo, mas, se tivesse que apontar uma característica comum a esse grupo tão plural, diria sem medo de errar: a ansiedade em diferenciar-se. Trata-se, porém, de uma diferenciação ainda mais complexa do que aquela que opõe simplesmente nativos a turistas.

Em primeiro lugar, eles pretendem distinguir-se dos *turistas convencionais*, cuja vivência do Rio de Janeiro estaria limitada ao circuito praia, Corcovado e Pão de Açúcar. Note, porém, que o turista que vai à favela não deixa de visitar essas atrações turísticas convencionais, mas faz questão de não se restringir a elas.

Em seguida, procuram diferenciar-se dos *turistas-voyeur*, que visitariam a favela sem com ela interagir. Aqui também cabe uma observação: cada turista acha que a agência por ele(a) escolhida, bem como o tipo de transporte utilizado garantiram-lhe a interação adequada, porém especulam sobre a experiência de outros turistas que não teria sido supostamente tão proveitosa quanto a sua.

Por último, contrapõem-se à *elite carioca*, cujo temor preconceituoso a impediria de conhecer sua própria cidade, fazendo da favela um território segregado. A fala de M., inglesa de 34 anos que atua no mercado de turismo, ilustra bem esse complexo sistema de hierarquias de distinção:

> Eu decidi visitar a favela para saber como o povo brasileiro de verdade vive [...]. Eles [os favelados] são pessoas felizes lutando para sobreviver. Não são todos viciados ou gente ruim como as pessoas dos subúrbios [sic] do Rio gostam de dizer que elas são [...]. Quem mora em Ipanema ou em outras áreas ricas do Rio temem as pessoas da favela – essas são as pessoas que precisam mudar, não as pessoas da favela.
>
> Eu não estou visitando um zoológico. Eu estou aqui para entender a cultura e o país. Meu interesse é contribuir para a sociedade e modificá-la. Quero me tornar uma pessoa melhor compreendendo o mundo [...].
>
> Este tipo de tour é importante contanto que as pessoas certas estejam no comando. Aqueles que estão no *business* só para ganhar dinheiro para si mesmos devem ser eliminados pelo Rio Tourism Bureau [RioTur]. Eles também devem estar atentos so-

bre que tipo de gente visita a favela. Eu não acho que grupos de ricos aposentados americanos devessem ir. [O turismo na favela] tem que ser comercializado como algo que abre a mente, não como um zoológico ou como um museu.

Como nos revela Pierre Bourdieu (2007), sob o prisma da distinção não é a simples satisfação das necessidades que orienta e organiza a hierarquia dos bens, mas a escassez desses bens e a impossibilidade de que outros os possuam. Para M., assim como para muitos de nossos entrevistados, não deveriam ter acesso à favela turística os agentes promotores que estivessem motivados tão somente pela cobiça do lucro. E mais: a interdição se ampliaria aos que a consumissem sem preocupar-se em ajudar a favela ou sem o desejo genuíno de fazer daquela visita uma experiência interativa que proporcionasse uma verdadeira *transformação do self*. Uma turista, que assina sob o codinome SmartLollypop, postou o seguinte comentário em seu blog de viagens em 23 de novembro de 2005:

Estou viajando pelo mundo por um ano e minha primeira parada foi o Rio. Conversando com alguns dos meus companheiros de viagem, eles desafiaram minhas visões equivocadas sobre o turismo na favela [...]. Achei que o tour era ficar olhando para as pessoas de um ônibus, mostrando os locais de um modo horrível, à distância. Meus novos amigos me informaram que, na verdade, era um tour a pé guiado por uma pessoa do local, e que o dinheiro que pagávamos era usado para melhorar uma escola e uma creche. A favela, Rocinha, tinha a atmosfera hospitaleira de gente verdadeira e honesta; vidas inocentes prejudicadas pela volatilidade do mundo das drogas [...].
Nosso guia [nome do guia] nos levou à creche onde o dinheiro seria usado. Antes de [o guia] criar a organização [nome da

agência], as crianças passavam dias sem comer e eram forçadas a mendigar; três anos depois elas estão fora das ruas, recebendo três refeições ao dia e aprendendo artesanato; elas depois vendem seu trabalho em vez de mendigar. Olhando a Rocinha, agora eu sinto que compreendo o povo do Rio de uma maneira muito mais profunda; com um senso de comunidade forte e inabalável, eles compartilham os tempos difíceis e, lentamente, mas de maneira decisiva, começam a melhorar sua situação. O tour consegue o equilíbrio perfeito entre educar e disseminar consciência e prover benefícios genuínos onde eles são mais necessários. Um *must* definitivo ao se visitar o Rio, vai iluminar a sua vida e dar um *insight* único a um lugar fascinante.

A possibilidade da revelação de si por meio do encontro com "a comunidade" na qual permaneceria resguardada "a cultura autêntica" é, como se verifica na fala de SmartLollypop e de tantos outros, um elemento fundamental na composição da pobreza turística.

Conforme observa o antropólogo Galani-Moutafi (2000:204):

No curso da história, colonialismo, missões religiosas, pesquisa etnográfica e turismo têm oferecido escapes poderosos para a busca da autorrepresentação; em face do individualismo, da mobilidade e da fragmentação – qualidades intrínsecas à modernidade – tal busca encontra motivação na nostalgia por uma comunidade ideal e completa.

Dean MacCannell, em obra pioneira intitulada *The tourist: a new theory of the leisure class* (1992), argumenta que, mais do que simples lazer e contatos superficiais, o que os turistas buscam são *experiências autênticas* – ainda que essa busca esteja fadada à frustração.

Gringo na laje

MacCannell propõe o turista como chave interpretativa do mundo contemporâneo uma vez que as viagens representam um esforço coletivo por unificar e dar sentido a um mundo contraditório e fragmentado. Essa explosão de diferenças – própria da sociabilidade ocidental – leva os indivíduos a viajar para lugares idealizados como lócus de elementos autênticos pertencentes a outras culturas ou a um passado mitificado, "encenações" das quais participam também os próprios nativos que se beneficiam das oportunidades de trabalho e renda geradas pelo turismo.

Para além do sentido lúdico que geralmente anima o ato de viajar, este ajudaria o sujeito contemporâneo a construir totalidades com base em experiências díspares porque, na condição de turista, lhe é dada a possibilidade de formular sua própria trajetória e a de sua sociedade, como ocorria durante as peregrinações do medievo: na experiência turística estariam hoje condensados, portanto, sentidos e valores anteriormente vinculados àquela experiência religiosa vivida como encontro com o autêntico. Porém, no caso da pobreza turística, já não se trata de uma autenticidade transcendental, mas de outra que se inscreve em um território colonizado por referências midiáticas e apela não para o contemplativo, mas para o *interativo*.

Por meio de seus deslocamentos, os turistas olham para o que sentem haver se perdido em sua própria sociedade: natureza, pureza, bom senso, relações autênticas e liberdade. Reacende-se, então, o desejo de busca por uma "experiência real", reveladora, transformadora – é a "paixão pelo real", a que se refere o filósofo Alain Badiou (2002). Independente da motivação que os tenha levado a consumir a pobreza turística, nos turistas fica a sensação de terem vivido uma experiência inalcançável não apenas aos turistas convencionais, mas igualmente às elites autóctones. Uma experiência, portanto, duplamente transformadora: por um lado, tornam-se mais conscientes de seu lugar no mundo; por outro, passam a ter uma percepção condizente com a "realidade" do lugar visitado.

Erik Cohen (1988), Margarita Baretto (2003), Strain (2007) entre outros, sugerem que a autenticidade turística depende de como se apresenta e se percebe uma determinada localidade ou artefato, de que valores singulares os turistas acreditam-nos encarnados e dos princípios estéticos que são mobilizados para sua expressão. Além disso, a prática do turismo frequentemente envolve a confrontação de várias "cópias" do original, como, por exemplo, em cartões-postais, guias turísticos, fotografias e outras imagens produzidas pela mídia de massa. Os turistas verão o "original" através do filtro dessas imagens, julgando o ponto turístico segundo sua maior ou menor semelhança à imagem anteriormente produzida.

Se pensarmos ainda que a experiência do turismo como objeto é geralmente acompanhada por sua tradução em imagem por meio da fotografia, veremos que o "autêntico" dificilmente não estará prisioneiro de imagens previamente concebidas e de futuras possíveis imagens. Nesse sentido, Cohen sugere o conceito de "autenticidade emergente": não é por ignorância que turistas atribuem autenticidade, por exemplo, a suvenires e manifestações culturais encenadas, mas porque os tomam como símbolos que resumem o local visitado.

Confrontados com uma realidade tão adversa e radicalmente diferente daquela que vivem no próprio cotidiano, os turistas dizem que se sentem "transformados", capazes de "dar valor ao que realmente importa". Ao mesmo tempo, as vantagens, os confortos e os benefícios do lar são reforçados por meio da exposição à diferença e à escassez. Em um interessante paradoxo, é o contato em primeira mão com aqueles a quem vários bens de consumo ainda são inacessíveis que garante aos turistas seu aperfeiçoamento como consumidores. A fala de P., australiano de 34 anos que trabalha na bolsa de valores, é ilustrativa dessa postura:

> Fiz vários tours em outros lugares da América do Sul para ver os povos nativos, mas o turismo na favela é único. Decidi fazer o tour depois de falar com pessoas [que haviam feito o passeio] e ver o filme *Cidade de Deus*. [Depois do tour] acabei trabalhando como voluntário em uma creche da favela por dois meses. Uma experiência incrível. Acabei aprendendo muito sobre como as pessoas vivem, sobrevivem etc. Do ponto de vista da favela, esses tours são importantes porque trazem dinheiro para a comunidade – e ela precisa muito – e, do ponto de vista dos turistas, aumentam sua consciência do mundo, abrem seus olhos. Isto pode levar algumas pessoas a ajudar, o que, mais uma vez, é bom para a comunidade da favela.

Estudiosos do turismo e das mobilidades – por exemplo, Rob Shields (1991), Chris Rojek (1995) e John Urry (2007) – sugerem que as mudanças no estilo comportamental dos turistas estão longe de ser obra do acaso e se relacionam diretamente com os novos arranjos sociais deste século. Não se pode separar esses estilos das sociabilidades presentes que ofertam as "culturas exóticas" como bens de mercado e que incentivam a busca incansável por distinção e prestígio sociais. Os autores apontam ainda para uma ambivalência permanente, expressa pelos turistas, que ora veem como benéficos o turismo e as relações de mercado que envolvem a promoção de novas atrações, ora como irrecuperavelmente impuros e corruptores. Quando essas "novas atrações" são promovidas como *reality tourism* – favelas, *townships*, campos de concentração, Chernobyl etc. – seu valor passa a ser questionado tão logo sejam percebidas como já transformadas, pela via do turismo, em mercadorias ou cenário.

A experiência de consumo da pobreza turística – é importante retermos – persegue um fino equilíbrio entre gozo e comiseração. Como nos lembra Bourdieu (2007:112), a "nova burguesia" constrói o cerne de sua identidade contrapondo-se à burguesia de tradição, que baseia sua vida na moralidade do dever. Se a velha burguesia passa suas "férias nas cidades hidrominerais" e sente "medo do prazer", a nova burguesia propõe uma moral do "dever de prazer que leva a experimentar como um fracasso, propício a ameaçar a autoestima, qualquer impotência em 'divertir-se', *to have fun*". O prazer, além de autorizado, é exigido, ainda que derive da contemplação da miséria alheia. A fala do inglês R., programador de computadores de 27 anos, é ilustrativa dessa sobreposição, tão comum aos que visitam a Rocinha, entre excitação e compaixão:

> Eu havia lido sobre favelas na escola e sabia que se tratava de um importante símbolo cultural do Rio [...]. Eu acredito que o turismo pode ser uma indústria altamente positiva para as classes mais pobres da sociedade e essa seria uma boa forma de contribuir com as pessoas pobres do Rio. Pelo folheto, o tour parecia excitante – a possibilidade de ver armas e de andar na garupa da motocicleta – além de informativo e, de fato, não me decepcionou.

"O turismo alternativo não proporciona benefício mútuo entre viajantes e a população local", afirma o antropólogo Noel B. Salazar (2004:101). Sua crítica, baseada em um estudo de caso que envolveu 31 "turistas conscientes" da Holanda em visita a países pobres, segue afiada:

> As aspirações filantrópicas de turistas ou de agentes de turismo geralmente mascaram os interesses próprios que cada um possui.

Os turistas precisam ir nesse tipo de passeio e ver em algum outro lugar que, no final das contas, a vida deles não é tão ruim assim.

Por mais que a crítica de Salazar tenha fundamento, é preciso ter cuidado com as generalizações e qualificar que "interesses", afinal, seriam estes que animam a busca pela pobreza turística. Em um momento em que cidadania e consumo se atravessam e se encompassam de maneira tão contundente, como nos diz o sociólogo Néstor Canclini (1999), ao turista não escapa uma atitude reflexiva e autocrítica diante de seu objeto de consumo e das práticas sociais que envolvem sua aquisição. O norte-americano J., de 28 anos, que entrevistamos no verão de 2007, se posicionou de maneira bastante questionadora em relação à favela turística:

Não tenho exatamente certeza se o tour é importante para as pessoas da favela. Disseram que uma parte da renda vai para os berçários e creches da favela, mas [não sei] como os tours afetam os favelados [em geral]. Para os turistas, algumas horas numa favela não são suficientes para causar um impacto significativo. É só uma exposição breve a um outro modo de vida. No máximo, os turistas vão falar para seus amigos e outros turistas sobre o que viram. As fotos são postadas *online* para todo mundo ver e talvez isso vá atrair mais turismo para o Rio e as favelas. Mas a verdadeira pergunta é: nós queremos que o tour modifique a favela?
Na medida em que os passeios se tornam mais populares, muita gente vai encará-los como uma forma de fazer dinheiro e talvez os tours mudem, ou talvez a favela mude e maximize o dinheiro conseguido com os turistas. Mas se o padrão de vida subir, em algum momento, a favela não vai deixar de ser uma favela?
Então o propósito do tour é oferecer aos viajantes um olhar sobre o estilo de vida da favela, e preservá-lo para o futuro? Ou o

propósito é expor os moradores da favela ao exterior e a um possível modo de vida melhor? Claro que há muitos outros fatores envolvidos sobre os quais eu sei pouco ou nada, como os cartéis da droga, mas essa é só minha especulação.

A "especulação" de J. remete a uma contradição que é constitutiva não apenas da experiência do turismo na favela, mas de qualquer destino turístico que se pretende alternativo. Se, como argumentei no capítulo 2, o que vigora é a busca por novos e exclusivos destinos turísticos – não só para o lazer e o relaxamento, mas também para a certificação de status –, potencializa-se uma irremediável ansiedade na experiência de consumo: afinal, se todos passarem a visitar, por exemplo, praias desertas, logo elas deixarão de ser desertas, perdendo assim a característica que lhes permitia ser comercializadas como um bem exclusivo.

No caso do turismo na favela, as contradições intrínsecas à construção, à comercialização e à manutenção de localidades turísticas alternativas complexificam-se. A atribuição de status está associada, na maioria dos casos, ao esforço empreendido pelo sujeito para convencer – a si e aos demais – que sua visita não é um exercício voyerístico, mas um ato ético e solidário cujo resultado último é o desenvolvimento da localidade. Mas, ao fim e ao cabo, o argumento de que a presença do turista beneficia a favela pode ser e é questionado – como o fez o próprio J. e alguns outros turistas com os quais conversamos.

O turista inglês, que assina sob o pseudônimo de Witless-Wanderer (AndarilhoSemNoção, em uma tradução literal), deu início a seu diário de viagens virtual também questionando a própria promoção da pobreza turística:

Eu não sou fã do turismo de pobreza que, na minha opinião, denigre todos os envolvidos. Depois do paternalístico "Oh... então você é pobre?", há sempre o complemento não dito "Que bom que eu não sou".

Assim como WitlessWanderer, que visitou a Rocinha no verão de 2005, vários turistas confessam que de início a ideia de um tour pela favela lhes pareceu bizarra, ridícula ou desrespeitosa. Mas são também unânimes em dizer que o passeio, diferente do que imaginavam, proporcionou-lhes uma outra visão da favela e de seus moradores.

Todos com quem conversamos disseram estar não apenas satisfeitos com o tour, mas dispostos a incentivar outras pessoas a fazê-lo. "Eu não tenho certeza se eu realmente sabia no que estava me metendo quando liguei para marcar o tour naquela tarde", admitiu WitlessWanderer, "mas fico feliz em tê-lo feito. Diversão não é exatamente a palavra, mas certamente foi um dos passeios mais interessantes que eu fiz e que me mostrou o Rio para além de suas praias".

Como em tantos outros diários virtuais sobre visitas à Rocinha, WitlessWanderer descreveu as favelas como territórios marginais e segregados, praticamente desconhecidos por turistas e pelos próprios brasileiros, cujo acesso seguro é garantido pelas empresas de turismo que lá operam:

É completamente um outro mundo que poucos turistas e até mesmo poucos brasileiros visitam. Mas você pode visitar. Não se preocupe: na maior parte do tempo você é levado em uma van, enquanto seu guia cumprimenta os amigos que vê passar.

Diante das saídas criativas dos que vivem em uma realidade tão adversa, o turista sentiu-se ao mesmo tempo diminuído e em êxtase: "Eu me senti completamente inútil ao final do passeio e totalmente maravilhado diante do trabalho incrível que aquelas pessoas têm feito ao longo dos anos".

Em muitos relatos, percebemos que não somente a subjetividade do turista ou a favela emergem diferentes ao final do passeio, mas o próprio Rio de Janeiro revela-se em sua autenticidade plena. Um ótimo exemplo desse encadeamento lógico foi dado por Lauren Levine, autora do blog The real Rio:

> [...] realmente existe muito mais a ser compreendido sobre o Rio do que os olhos veem. Claro que eu fui todos os dias à praia de Ipanema [...], que me diverti horrores com amigos na balada. Mas não foi essa parte do Rio que ficou em mim. Foi o "outro Rio" que eu vi que marcará minha memória para sempre.

As memórias virtuais da jovem californiana, que se apresentou como uma apaixonada por viagens e antropologia, desvendaram o "outro Rio" acionando, primeiramente, as imagens da cidade que circulam mundo afora: praias, biquínis, Carnaval, Copacabana, samba e sol. Porém, como ela disse, há mais a descobrir sobre o Rio do que os olhos podem ver. O contato com a favela proporciona, portanto, uma experiência que ultrapassa a dimensão visual e se expressa na mobilização de vários sentidos e sentimentos. O medo é um deles.

> No dia em que fiz o passeio, me pediram para abrir a janela da van para que os traficantes pudessem ver que eu era turista e não membro de uma gangue rival. Há apenas duas semanas, uma gangue tinha usado uma van do mesmo tipo da nossa para entrar na favela e começar um conflito armado e sangrento.

Como discutido no capítulo anterior, os passeios pela Rocinha mobilizam a tensão entre segurança e risco que, obviamente, não é estranha ao turismo no Rio de Janeiro em termos gerais, mas a qual se encontra amplificada no caso do turismo na favela. Graças ao repertório midiático que associa com frequência – e quase que exclusivamente – favela e violência, o turista chega à Rocinha esperando a movimentação de um filme de guerra ou a excitação de uma montanha-russa. "O lado voyeurístico e o do perigo não me atraíam, mas, depois de falar com pessoas que tinham feito o tour, eu estava pronto para ver o tipo singular de habitação que o filme *Cidade de Deus* tinha tornado famoso", relatou um jovem turista australiano em seu blog. Sua descrição ajuda a perceber como, em larga medida, os passeios reforçam estereótipos – sejam negativos sejam positivos – e respondem às expectativas dos turistas:

> O tour começava de motocicleta, subindo correndo uma das únicas ruas de uma enorme favela, onde se constrói casa sobre casa, subindo a montanha coberta de selva [...] Era de fato uma cidade dentro da cidade, onde moram uns 300 mil [sic] cidadãos do Rio, a maioria dos quais não são adolescentes de gangues de traficantes, embora tenhamos visto alguns integrantes com armas douradas – eles estavam tão perto que nos sentimos inseguros.

Em *Public places, private journeys*, Ellen Strain (2007) propõe que boa parte da viagem contemporânea baseia-se no que ela chama de "ilusão da mediação não mediada". Esse mito da não mediação produz a ilusão de que certos tipos de experiência turística – como os *reality tours* – poderiam ultrapassar o eclipse da autenticidade gerado pela pós-modernidade e renovar a capacidade de percepção do sujeito. Trata-se de um mito, ou de uma ilusão, porque postula a possibilidade de que a experiência turística possa se dar fora das molduras midiáticas, ou seja, sem a mediação dos vários produtos culturais responsáveis pela formatação dos destinos turísticos. A guia de turismo Cristina Mendonça apontou para esse paradoxo fundamental do "turismo de realidade" na favela, cujas origens e motivações remetem justamente a fronteiras imprecisas entre ficção e realidade:

> Eu já tive clientes, rapazes novos, que realmente queriam ver ação. Ação – achavam que iam andar e ver os traficantes armados [...]. Tem a galera que quer ver o circo pegar fogo! O cara acha que está passeando pela Universal [parque de diversões]. Ele acha que aqui é *Cidade de Deus* [o filme] e é tudo de mentirinha. Não está se tocando que é tudo de verdade. Tem turista assim, que acha que está no set [de filmagem].

É interessante observar que não raro os turistas acionam uma interpretação ambivalente da favela como lugar ao mesmo tempo perigoso e seguro, violento e solidário. "Cidade" e "favela" aparecem como privados, exclusivos e indiferentes um ao outro. Como consequência, a favela emerge como um território autossuficiente, portador de uma cultura própria, em que os habitantes se mantêm unidos em oposição à sociedade egoísta que os cerca – uma "comunidade", enfim. Aqui vale fazermos uma pequena parada e deixar que o sociólogo Zigmunt Bauman nos ajude a entender como se dá a construção dessa noção tão complexa.

Bauman narra as alterações que o conceito de *comunidade* vem sofrendo desde o que ele chama de "Modernidade sólida" (período de estabelecimento do Estado-nação como principal comunidade de pertencimento) até a "Modernidade líquida" (quando há uma pulverização dos referenciais de identidade e uma idealização da "comunidade perdida"). No apogeu do Estado-nação, a sociedade era "o pai rigoroso e implacável", mas a quem se podia recorrer; com o desmantelamento do

Estado, um vazio instalou-se onde antes estava a sociedade. Na ausência de um Estado e de uma sociedade fortes, quem garantirá a segurança e o conforto do pertencimento?

Em tempos líquidos, caracterizados pela desregulamentação e pela desintegração, proliferam as "comunidades cercadas", protegidas por vigilantes e dispositivos eletrônicos. Para Bauman, estas são comunidades somente no nome, pois se baseiam em compromissos transitórios e superficiais entre seus integrantes, sem que se tenha ali, de fato, o sentido de coletividade.

Essa regra de "desengajamento" teria, no entanto, uma exceção: as "minorias étnicas", cujo sentimento do pertencimento comunal permanece entre seus integrantes. Não se trata, contudo, de um sentimento espontâneo ou de uma livre escolha dos participantes da comunidade: as pessoas são designadas como pertencentes a uma minoria étnica por quem está do lado "de fora", isto é, pelas "comunidades poderosas", sem que seja pedido o consentimento das "minorias". Não raro, essa postura radical acaba sendo adotada pelas "minorias étnicas", que não têm escolha e acabam tornando-se aquilo que se espera delas. Malgrado um certo determinismo por parte de Bauman, sua argumentação nos ajuda a entender, por exemplo, a incorporação da palavra *comunidade*, como substitutivo de *favela*, no vocabulário dos próprios moradores dessas localidades.

A maioria dos turistas não parece se dar conta de que a atmosfera de segurança experimentada durante os passeios pela "comunidade da Rocinha" não é apenas frágil, mas está garantida por arranjos extremamente violentos, que são alimentados pelas dinâmicas da economia global de que eles, turistas, são parte intrínseca. N., fotógrafo norte-americano de 35 anos, visitou a Rocinha no verão de 2006 e nos ofereceu o relato descrito a seguir.

Eu fiz turismo em áreas pobres do Camboja e da Tailândia, e agora na Rocinha. Os três tours permitiam a interação com os moradores, permitiam ver a arte local, brincar com as crianças [...]. A principal coisa que aprendi nestes três tours: as pessoas com menos bens materiais são aquelas que demonstram maior apreciação pela vida e são as mais felizes, mais do que as que têm dinheiro.

Eu fiz o tour na favela no primeiro dia em que cheguei ao Rio e gostei tanto que resolvi fazer o passeio mais uma vez. Eu pensei que a favela fosse um lugar em que todo mundo estivesse armado, em que as pessoas fossem mortas sem motivo e que os turistas seriam alvos dessa violência. O que eu vivi lá me fez sentir muito mais seguro DENTRO da favela do que do lado de fora, nas praias e nas redondezas de Copacabana. Eu andei com uma câmera fotográfica de US$ 5000 durante o tour, coisa que eu jamais faria fora da favela.

Se a favela vista da janela do hotel é apenas precariedade e ameaça, a favela vista "de dentro", a despeito dos estereótipos que persistem, torna-se menos redutível porque a pobreza se revela nem absoluta nem deprimida. A cidade do Rio de Janeiro, por sua vez, quando vista pelos turistas a partir da favela, emerge como um espaço em que se acomodam de forma precária contradições e iniquidades cujo sentido lhes parece escapar. É como se as contradições que marcam a realidade da cidade do Rio de Janeiro como um todo, e das favelas cariocas em particular, causassem uma espécie de choque cognitivo nos turistas: muitas vezes parecem descrentes diante do que os olhos veem, incapazes de inteligir uma localidade supostamente mais contraditória e complexa do que seu local de origem.

Os turistas costumam destacar a geração de renda e as doações, bem como a produção de representações concorrentes àquelas que estigmatizam a favela como lócus da violência, como os principais benefícios do turismo na Rocinha. A maioria desconhece que o valor pago pelo passeio é retido pelas agências de turismo e que não reverte diretamente para os moradores. O inglês P., gerente de website de 37 anos, é um desses visitantes para quem o turismo pode proporcionar um contradiscurso menos redutor e favorecer economicamente a favela. Veja seu relato:

> Decidi fazer o passeio porque eu queria ter um entendimento da vida nas favelas e acabar com os estereótipos. Eu acredito que o tour é importante para abrir os olhos dos turistas cuja imagem da vida nas favelas seria, de outro modo, ditada pelos meios de comunicação de massa e pelos filmes brasileiros, e também porque o tour provê ajuda financeira e apoio econômico [...].

No entanto, acreditar que o turismo possa ser benéfico para a população da favela não significa acreditar na veracidade e legitimidade da favela turística:

> Ainda assim, fiquei com um sentimento de desconforto porque eu não tinha certeza se estava ou não andando em um tipo de zoológico humano, e quanto do roteiro que nós percorremos era de fato representativo da verdadeira favela.

A ansiedade em torno da tríade estereótipo–autenticidade–representação, tão presente na fala de P., encontra espaço particularmente fértil de elaboração em uma das práticas que mais caracteriza o consumo da favela como destino turístico: o ato de fotografar.

A viagem no mundo contemporâneo, talvez mais do que qualquer outra prática social, está baseada na produção, reprodução e difusão de imagens. Essas imagens, segundo Greg Ringer (1988), têm por objetivo projetar o Outro como sedutor em sua idiossincrasia para potenciais visitantes e, se bem-sucedidas, assistem na conversão de um lugar em atração turística. O olhar do viajante dirige-se precisamente às características do lugar de destino que o separam da experiência ordinária, o tornam exótico em alguma medida. Sua criação e permanência estão diretamente ligadas à interpretação desse lugar como *paisagem* – à seleção de certas características particulares como atraentes para o consumo.

Fotografias de viagem não são, portanto, simples registros daquilo que os olhos veem, mas o resultado de processos cognitivos que selecionam elementos, os hierarquizam e colaboram, em diálogo com outras fontes (guias de viagem, revistas especializadas, filmes, websites), para a criação de uma determinada "geografia imaginativa". Crashaw e Urry (1997) advertem que a expansão do turismo – como indústria e como novo fenômeno sociológico e geográfico – seria impensável sem a popularização das câmeras fotográficas.

Em 1841, apenas dois anos após Louis Daguerre ter anunciado a invenção do daguerreótipo na França e de William Fox Talbot ter divulgado na Inglaterra um processo denominado calotipo, Thomas Cook organizava a primeira excursão em grande escala que reuniria mais de quatro centenas de participantes. Nesse mesmo ano, a primeira tabela de horário de viagens de trem foi publicada, o primeiro hotel em terminal de trem foi construído em York, o primeiro serviço atlântico de navio a vapor foi lançado e a primeira grande agência de viagem apareceu nos Estados Unidos (Lash; Urry, 1994).

No final do século XIX, a viagem por prazer já estava bem estabelecida, e fotografar havia se tornado um popular passatempo. No entanto, talvez tenham sido os escoceses George

Washington Wilson e James Valentine os primeiros a antever, ao longo da segunda metade do século XIX, a fotografia em série e a produção de cartões-postais como elementos centrais à cultura de viagem. Animados pela ideia de que turistas eventualmente utilizariam as fotografias como uma maneira de relembrar suas viagens, Wilson e Valentine reproduziram os itinerários dos programas turísticos em evidência à época, retratando os locais mais visitados e recomendados pelos guias de viagens (Strain, 2007).

Desde então, a fotografia tem dado aos turistas o vocabulário por meio do qual recordam, explicam e justificam como e por que viajam rumo a determinados destinos. Não por acaso, os relatos de viagem estão repletos de metáforas que operam com analogias entre o olho e a lente: expressões como "observar a vista", "capturar a vista", "cenário atraente", "belo como um cartão-postal", ilustram o quão significativo é o olhar para os turistas e promotores de viagem (Jay, 1993; Strain, 2007). Forma-se uma espécie de círculo hermenêutico em que turistas buscam e capturam com suas câmeras imagens antecipadas pelos folhetos das excursões, filmes ou programas de televisão. Na volta ao lar, provam, com as próprias fotografias, que realmente estiveram nos lugares que haviam antes consumido como imagem.

Em *Sensing the city*, John Urry (1999) aponta para as consequências desse diálogo entre a cultura de viagem e a cultura do olhar para as localidades turísticas: arquitetos e planejadores urbanos desenham e reformam cidades buscando dar conta das expectativas geradas pelas imagens consumidas pelos turistas. Com o intuito de igualar as cidades reais a essa geografia imaginativa que é servida antecipadamente àquele que viaja, os planejadores concebem intervenções urbanas em detrimento, no mais das vezes, do que querem os próprios habitantes.

Com o barateamento das câmeras digitais e o surgimento dos celulares com câmera, o estímulo ao ato de fotografar tudo e a todo instante parece ter sido redobrado, especialmente quando se está viajando. Antes mesmo de retornarem ao local de origem, os turistas podem, por meio de qualquer computador ligado à internet, compartilhar o registro fotográfico das localidades visitadas em seus fotologs e blogs. Nesses blogs de viagem, as imagens compõem uma parte fundamental da narrativa, inspirando em larga medida as reflexões do autor. São fotos que, em geral, vêm acompanhadas de legendas que conduzem o leitor a uma certa interpretação do que é visto. Não raro, os turistas fazem propaganda de seus diários em outros sites, o que permite que não só amigos ou parentes acompanhem seu itinerário, mas também que pessoas que lhe são desconhecidas possam ler suas reflexões e fazer comentários.

A vastidão da favela capturada pela câmera da turista.
Bianca Freire-Medeiros, 2008

Em seus sites e materiais de divulgação, quase todas as agências que atuam na Rocinha incentivam o turista a realizar um registro fotográfico do passeio com frases do tipo "não se preocupe, traga sua câmera!!!" e "você é convidado a trazer sua câmera ou sua filmadora". No entanto, por ocasião do passeio, os guias costumam advertir que não se deve fotografar pessoas armadas ou os lugares onde comércio de drogas ilícitas se dá de forma mais ostensiva. Isso não quer dizer que não haja ainda outros limites ou que não possam ocorrer conflitos em torno de questões não relacionadas diretamente com o problema da segurança. Este depoimento de Armstrong, proprietário da Favela Tour, ajuda a refletir sobre esses "outros dilemas" associados à fotografia da favela turística:

> Essa coisa *voyeur* não é nem um pouco bem-vinda no passeio. Embora, é claro, eu não possa fugir disso: o cara tem um interesse de ver uma coisa, que é uma coisa pobre, que ele não vê no país dele [...]. Mas eu também vou limitar um pouquinho essas expectativas de *voyeur* dele. Eu digo: "Foto, você pode tirar. Mas não vai tirar foto das pessoas". Foto das pessoas só na escola que a gente visita, no artesanato, se quiser tirar foto dos artistas, ok, foto de lugar, ok, pode tirar foto do lugar com pessoas lá, mas não é procurando a pessoa que passa na rua: "Oba, posso tirar uma foto?" [...]. Eu falo: "Olha, isso não [...]. Você para gente no meio da rua de Copacabana para tirar foto com ela? Não! É o quê? Tirar foto de um favelado? "Olha, esse aqui é um favelado! Tirei foto com um favelado!" Isso vai ser um estereótipo, entendeu? [...]. Em geral, quase todo mundo entende de primeira, não precisa nem falar, a pessoa já tem o respeito natural dela [...].

O extensivo levantamento, realizado por Palloma Menezes (2007), do material fotográfico produzido pelos turistas que visitaram a Rocinha e que compartilharam esse registro em álbuns virtuais contraria as expectativas de Armstrong. A pesquisadora analisa 710 fotos postadas em 50 fotologs, buscando compreender que representações da favela estavam presentes nas fotografias. Menezes organiza esse vasto e variado material, identificando os aspectos da favela que apareceram como elemento central das fotos, o que resultou na seguinte classificação: casas (205 fotos), moradores (150), ruas (84), infraestrutura da favela (61), vista da Rocinha (43), bichos e plantas (43), comércio (38), aspectos relacionados ao turismo (38), paredes da favela (37) e atividades relacionadas à cultura e lazer (11). Casas e moradores constituem, de longe, o principal foco durante os tours, ainda que, segundo Armstrong, os turistas sejam dissuadidos a tê-los como elementos centrais de seu registro fotográfico.

"Nunca houve tamanha produção, reprodução e difusão de imagens da favela como existe nos dias de hoje", conclui acertadamente Menezes (2007). Mas capturar, consumir e divulgar a favela por meio da fotografia, pelo que pudemos observar ao longo da pesquisa, nem sempre é tão simples quanto o grande volume de fotografias produzidas e postadas nos leva a crer. As imagens e os estereótipos, ícones e símbolos, que essas fotografias evocam sem dúvida ajudam a refletir sobre intricadas questões ligadas à promoção da pobreza turística e aos dilemas éticos que ela envolve.

Susan Sontag (2003), em *Diante da dor dos outros*, coloca-se o desafio de refletir sobre a emergência, a circulação e o consumo do que ela chama de "dor fotografada". A autora pretende entender, sobretudo, que emoções e sentimentos derivam da contemplação midiatizada do sofrimento alheio. Do amplo espectro de dores e misérias passíveis de serem capturadas pela objetiva e colocadas em circulação pela mídia de modo geral, Sontag fecha o foco nas imagens da guerra e se detém nas situações em que há uma distância física – muitas vezes também temporal – entre "outros" que sofrem e "nós" que olhamos. Este "nós", é importante lembrar, não se confunde com "eles" que fotografam e atuam como intermediários entre a produção midiática do sofrimento, por assim dizer, e seu consumo. Nesse sentido, Sontag (2003:32) afirma que "as fotos são meios de tornar 'real' (ou 'mais real') assuntos que as pessoas socialmente privilegiadas, ou simplesmente em segurança, talvez preferissem ignorar".

O interesse principal de Sontag recai, portanto, sobre os casos em que o consumo de fotografias substitui o contato físico com os que sofrem. No caso da pobreza turística, se dá justamente o contrário: as fotografias são prova da proximidade entre quem sofre e quem fotografa. Sua exposição em blogs de viagem, ademais, funciona como um mecanismo de incentivo diligente: grande parte das vezes, os leitores desses blogs são turistas em potencial que buscam informações e impressões sobre determinados destinos. Assim, "eles que olham" o fazem não porque o contato em primeira mão lhes é impossível, mas justamente porque o engajamento no mesmo tipo de experiência é iminente.

Então, o que se altera nesse caso? Até que ponto a proximidade que o passeio pretende promover entre turistas e favelados depende da intermediação da câmera? Que sentimentos e emoções mobilizam os turistas que fotografam e os moradores que são capturados por suas lentes?

Justamente a questão da fotografia era o que mais preocupava a turista J. em relação à sua presença na favela. Misturavam-se em sua fala dilemas éticos e práticos: por um lado, se fosse pedir autorização para todos que quisesse fotografar, suas fotos "ficariam muito posadas e artificiais, não ficariam realmente autênticas"; por outro, não queria sair fotografando sem pedir autorização, "desrespeitando as pessoas e ferindo seus sentimentos". Durante a visita, ficava entre perguntar se podia tirar fotos – e agir da maneira que lhe parecia correta – ou não falar nada e obter imagens mais espontâneas e esteticamente mais interessantes.

Para algumas lideranças comunitárias com quem minha equipe e eu conversamos, os turistas deveriam sim pedir autorização para fotografar pessoas. Essas lideranças questionam o que os turistas farão com certas imagens, por exemplo, meninas com shorts curtos ou crianças tomando banho. Mas, pelo que pude observar, estamos longe da formulação de uma postura consensual em torno do que pode ou não ser fotografado quer por parte dos turistas, das agências ou dos moradores. Se na creche que é ponto de visita da Exotic Tour, a coordenadora proibiu que as crianças sejam fotografadas, alegando que as mães não gostam que seus filhos sejam clicados por estranhos, nos projetos sociais visitados pela Be a Local e pela Favela Tour as crianças são a grande atração das lentes estrangeiras.

Em sua primeira viagem ao Rio, K. havia feito o tour pela favela de van, com um guia particular. A turista, que era negra, relatou que se sentira extremamente constrangida ao ver "todos aqueles turistas branquelos passando pela favela num jipe, tirando fotografias sem parar, ignorando completamente como se dão as questões sociais e raciais no Brasil". Para K., "os turistas não parecem perceber que as pessoas da favela são humanas, eles as tratam como animais no zoológico". Quando soube de nossa pesquisa, K., que fazia o passeio então pela segunda vez, disse que adoraria saber como os moradores se sentiam quando fotografados.

Talvez K. tivesse ficado surpresa ao ser informada de que a maior parte dos moradores com os quais conversamos diz não se incomodar com as câmeras estrangeiras. Em sua opinião, contudo, a vista privilegiada que se tem a partir da Rocinha deveria ser o foco principal das fotografias. Uma moradora de uma área conhecida como Laboriaux argumentou:

Uma das coisas melhores da Rocinha é tirar fotografia da vista
[...]. No alto da Rua 1 tem como se fosse um mirante [de onde]
você vê a Gávea, o Planetário, parte da Lagoa. Tem umas pessoas
que vendem quadros, artesanatos. Acho que ali seria um lugar
legal [de fotografar]. Falaria para não fotografar fio. Fio, não. Falaria para captarem fotos com os moradores fazendo coisas que
chamam a atenção, criança brincando, fotos do cotidiano, fotos
sociais [...]. Podia fotografar minha casa sem problema.

Os poucos que não gostam dos retratos fotográficos justificam timidez ou vergonha relacionada ao fato de ser fotografado em qualquer situação e não um desconforto exclusivo diante do turista. Há queixas específicas, como a de
morador que um dia, ao navegar pela internet, deparou-se
com um retrato seu em um fotolog de um turista que não
lhe havia pedido autorização. A maioria, porém, afirma se
sentir valorizada por ser alvo das lentes e ter sua imagem
sorridente circulando mundo afora: "Se eu fui fotografada,
eu não sei. Eu deixaria, não me importaria, não. É curiosidade deles, então leva a feiura lá para o país deles!", brincou
a moradora.

Apreciam ainda mais quando recebem, por intermédio das
agências, cópia das fotos que os turistas tiraram deles – o que
costuma ser uma prática mais recorrente do que eu esperava.
"Se algum turista quiser tirar foto da minha casa, é só não re-
parar porque está em obra lá", encerrou uma moradora. "Não
ia me sentir invadida nem incomodada. Desde que deixem eu
me produzir para as fotos, está tudo ótimo!"

Não resta dúvida de que é preciso levar em conta a posi-
tividade das fotos, sua capacidade de gerar visibilidade e de
atuar como contraestigma das imagens midiáticas que associam a favela à brutalidade espetacularizada.

Se até então boa parte da população de favelas não se reconhecia na representação que circula pela mídia dos "favelados" como atores sociais frequentemente associados à violência armada, agora vários dos moradores passam a se reconhecer nessas novas imagens produzidas pelos turistas (Menezes, 2007:101).

No entanto, incomoda o fato de ser aquele contato, intermediado pela câmera, uma das poucas formas de interação durante os passeios e que certos estereótipos estejam sendo reforçados. Pensemos, por exemplo, no fato de a maioria das pessoas fotografadas serem negras quando, na verdade, o leque de tipos físicos é extremamente variado na Rocinha. Esse dado leva Menezes (2007) a sugerir que os turistas talvez prefiram fotografar pessoas negras justamente porque se enquadram no estereótipo "favelado é preto e pobre". Nesse sentido, a pesquisadora reproduz o depoimento de uma moradora:

Uma vez, quando meu filho era mais novo, [alguns turistas] quiseram tirar foto dele, mas quando eu cheguei com ele [que é branco], eles não quiseram, porque eles queriam um neguinho.

Situações e dilemas como os descritos ao longo deste capítulo apontam para a complexidade que caracteriza os encontros entre turistas e moradores no território da favela. Não cabe negar a relação de iniquidade estabelecida entre os turistas do Primeiro Mundo e os favelados, mas é importante perceber que os moradores não são elementos passivos do olhar curioso do visitante. É hora de prestar-lhes ouvidos e saber que juízo fazem sobre a comercialização de seu espaço de moradia como atração turística – é o que pretendemos no capítulo seguinte.

Capítulo 5

"Morador não é otário"

Na década de 1970, enquanto as agências internacionais de desenvolvimento apostavam no turismo como solução para os problemas econômicos das nações periféricas, os cientistas sociais examinavam criticamente seu impacto nas comunidades receptoras apontando para seus efeitos nefastos: dependência econômica, corrosão de valores, alteração de práticas culturais, degradação ambiental. O turismo era tomado como sinônimo de exploração e aculturação, epítome do poder devastador da sociedade de consumo e ameaça ao equilíbrio ambiental das comunidades hospedeiras.

Desde então, muito já se relativizou e hoje há, entre os estudiosos do turismo, uma preocupação em entender de forma menos balizada a complexa rede de relações de poder e de intimidade que são formadas por estados, companhias multinacionais, empresas privadas, promotores e viajantes envolvidos nessa movimentação global que o turismo engendra. Parece haver uma compreensão consensual de que, por meio do turismo, amizades e inimizades são geradas, territórios e comunidades são moldados e legitimados, culturas são hierarquizadas, reconhecidas e renegociadas. No entanto, poucos são os trabalhos que examinam como essas relações de confiança e desconfiança, aproximação e indiferença são formadas e mantidas no plano empírico.

A literatura antropológica, por exemplo, tem privilegiado o ponto de vista das comunidades receptoras relativamente fechadas na tentativa de identificar as alterações em seus padrões culturais a partir do contato com os turistas. Os sociólogos e turismólogos, por sua vez, costumam deter-se nos aspectos mais estruturais e muitas vezes as sutilezas das relações cotidianas acabam por se perder.

A despeito de todas as limitações do projeto de pesquisa que sustenta este livro, minha intenção sempre foi costurar as várias pontas que compõem o enredo da favela turística. Nos capítulos anteriores, escutamos as versões dos agentes promotores e dos turistas, dos artesãos e dos guias, para encontros e desencontros, entendimentos e desconfianças que emergem na sua convivência. Agora é a vez de os moradores nos dizerem o que pensam sobre a presença cotidiana dos gringos e dos guias nas ruas, vielas e lajes da Rocinha.

Será que eles se sentem e se posicionam apenas como objetos do olhar estrangeiro ou também como personagens ativos de um encontro entre diferentes? Consideram o turismo como uma possibilidade de desenvolvimento econômico ou como mais uma forma de exploração? Que nuances constroem e deixam transparecer entre a aprovação irrestrita e a desaprovação incondicional?

Para responder a esse conjunto tão complexo de questões, além das observações feitas durante o trabalho de campo e das muitas conversas informais que já configuravam nossa rotina de pesquisa, entre os meses de novembro de 2006 e abril de 2007 nossa equipe realizou um total de 175 entrevistas semiestruturadas com residentes da Rocinha. Estabelecemos como estratégia realizá-las no hall de entrada da TV ROC, por onde passam diariamente habitantes de todas as partes da favela: as mais ricas e as mais pobres, as que são visitadas pelos turistas e as que seguem ignoradas por eles.

O diretor Dante Quinterno permitiu à nossa equipe abordar os muitos moradores que compareciam àquele espaço, localizado no "asfalto" ao lado de um supermercado de grande movimento, para fazer pagamentos ou resolver outras pendências. Minha equipe e eu deixávamos claro aos entrevistados que não tínhamos nenhuma relação com as agências turísticas ou com a TV ROC. Explicávamos que éramos universitários interessados em pesquisar o turismo na Rocinha para que fosse escrito um livro e que não haveria identificação nominal nos questionários.

Começávamos com perguntas contextuais: quando ele(a) começara a perceber a presença dos turistas na Rocinha, de que maneira essa presença alterava o dia a dia na localidade, se ele(a) já havia tido contato com algum turista ou com o pessoal das agências. Passávamos a questões opinativas sobre a presença dos turistas e pedíamos que especulassem sobre as possíveis motivações que levariam os estrangeiros a visitar a favela. Em seguida, os entrevistados eram provocados a se colocar como guias e promotores do turismo: "se você pudesse fazer o passeio com os turistas, como seria?"; "quanto você acha que poderia cobrar por esse passeio?"; "se os turistas quisessem levar alguma lembrança da Rocinha para colocar na casa deles ou dar para algum amigo, o que você sugeriria?".

Em relação à fotografia, perguntávamos se ele(a), algum membro da família ou a própria casa já haviam sido fotografados por algum turista, qual fora (ou teria sido) sua reação, e também o que ele(a) diria para os turistas fotografarem. Os entrevistados eram colocados na posição de turistas quando indagávamos se tinham o hábito de viajar nas férias, para onde, em que lugar se hospedavam, se costumavam tirar fotografias e comprar suvenires.

Encerrávamos perguntando o que era esperado do turismo na Rocinha e o que, em sua opinião, havia de melhor e de pior na localidade – não em relação ao turismo, mas em termos gerais. Aqui, vale observar que muitas vezes o par de oposição "segurança/violência" apareceu como resposta para as duas perguntas, como ilustra a fala do motorista J., de 30 anos: "Para mim, o que tem de melhor na Rocinha é a segurança. A gente pode sair a qualquer hora da noite que ninguém rouba, ninguém assalta aqui dentro. O que tem de pior são essas guerras".

No mais das vezes, foi bastante positiva a recepção de nossos entrevistados – moradores com idade entre 18 e 70 anos, pertencentes às chamadas classes D e E, e majoritariamente nascidos no estado do Rio de Janeiro, participantes ou não de atividades comunitárias. Dona L., diarista, 55 anos, residente na Rocinha há pouco mais de uma década, ao saber que seria escrito um livro, entusiasmou-se: "Espero que o livro seja divulgado para que gente aqui da comunidade possa ler e ficar por dentro disso, ter noção dessa coisa toda". Vejamos o que mais L. nos disse:

> Vejo turistas na Rocinha desde sempre, mas agora é bem mais visível [...].
> A presença [dos turistas na comunidade] só soma. Eu acho a presença dos turistas fenomenal! A comunidade é marginalizada em todos os sentidos, quer dizer, o povo daqui mesmo exclui a

Rocinha, agora gente que vem de fora faz questão de ir lá dentro – olha que primor! Enquanto o povo daqui tem medo, né?

Quando perguntamos "por que os turistas têm interesse em visitar a Rocinha?", L. na mesma hora nos devolveu a questão:

Eu que te faço essa pergunta! Eu tenho muita curiosidade em saber por que, eu gostaria de saber a língua deles só para perguntar isso, dialogar, porque é muito interessante, é muita gente que aparece por aqui. Eu morro de curiosidade de saber! Isso acontece em todas as comunidades? O que é que tem aqui? Aqui é igual a todas as comunidades, né? E o povo daqui [moradores da Rocinha? cariocas? brasileiros em geral?] nem dá valor [...].

O roteiro de dona L. pretende uma interação ainda maior entre turistas e moradores por meio de hospedagem na própria favela. Essa é uma prática que, como dito no primeiro capítulo, já vem ocorrendo nas favelas de Vila Canoas, Tavares Bastos e Pereira da Silva desde 2005. Em Vila Canoas, o projeto "Favela receptiva" – empreendimento que conta com o apoio da Incubadora Afro Brasileira, patrocinada pela Petrobras dentre outras grandes empresas – começou com apenas quatro residências e três anfitriões, hospedando 10 turistas por dia; em 2006, no mesmo período, a taxa de ocupação foi de 30 turistas diários – um crescimento superior a 100%.

O jornalista inglês e ex-correspondente da BBC, Bob Nadkarni, morava há mais de 20 anos na favela Tavares Bastos quando resolveu ampliar sua casa e transformá-la no hotel The Maze Inn, que hoje recebe turistas de várias partes do mundo e cultiva sua "atmosfera globalizada" oferecendo shows semanais de jazz e rock. A diária mais barata, com café da manhã, é de R$ 80,00, valor que ultrapassa o de vários hotéis localizados nos bairros adjacentes do Catete e da Glória, por exemplo.

O mesmo acontece no Morro Pereira da Silva, onde a Pousada Favelinha, com cinco suítes e uma vista deslumbrante para a baía de Guanabara, já recebeu centenas de turistas que pagam uma diária de R$ 55,00. A iniciativa é da curitibana Andréia da Silva Martins, que tem parentes na localidade, e de seu ex-marido, o alemão Holger Zimmermann. Andréia nos concedeu uma entrevista longa em março de 2005 e recebeu a pesquisadora Juliana Farias na pousada durante a Semana Santa daquele mesmo ano. A pesquisadora observou uma interação bastante peculiar entre Andréia e seus hóspedes: contrariando as expectativas de que a "mulher negra e favelada" assumiria uma atitude servil diante de seus clientes europeus e norte-americanos, ela gerencia o empreendimento com determinação, marcando fronteiras e regras a serem seguidas por todos os hóspedes. Em ambas as localidades, não há tráfico de drogas ostensivo, o que daria aos turistas, segundo os promotores, uma sensação de maior segurança. O fator segurança também foi levado em conta por dona L.:

Tinha que ter alguma coisa mais organizada, para que eles [os turistas] pudessem dormir aqui, para ter uma vivência mais profunda. Mas e se há uma invasão, um tiroteio, como é que fica? É esquisito, né?

Eu mostraria a mata, mas já não tem muito [muita mata]. Faria o passeio à noite para eles [os turistas] verem a lua. Agora se eles quisessem ver o "miserê", aí eu levaria no lado muito triste, doído, lá onde você olha e diz: "Meu Deus, isso existe?!". Existe aqui, sim, tão pertinho do asfalto.

Daí passa no Valão [esgoto a céu aberto], vai na Roupa Suja, ver a miséria humana e material. Eu queria que eles vissem esse lado [...].
Eu não cobraria nada por esse passeio [...].

Refletindo sobre a relação entre visitantes e visitados, Margarita Barretto (2003:26) pondera que:

Apesar das poucas pesquisas sistematizadas a respeito, as existentes demonstram que, na verdade, os habitantes dos lugares turísticos, que se beneficiam economicamente com a presença dos turistas, não estão precisamente interessados em receber os turistas como hóspedes e a realizar com eles trocas culturais, mas sim, em receber o dinheiro trazido pelos turistas.

A antropóloga encerra: "Os turistas passam a ser um mal necessário. Mal porque sua presença incomoda. Necessário porque seu dinheiro faz falta". No caso do turismo na favela, L. e nossos demais entrevistados apresentaram ponderações difíceis de encaixar nesse modelo. As relações comerciais entre visitantes e visitados na Rocinha, quando existentes, estão baseadas na informalidade, como vimos no capítulo três a respeito dos vendedores de suvenires.

Os comerciantes do Largo do Boiadeiro, por sua vez, nos contaram que as vendas para turistas são eventuais e que não têm impacto nos lucros de seus estabelecimentos. "Ih, eles são difíceis de gastar [...]. Nunca vi ninguém comprando nada, só água", resumiu J., proprietário de uma barraca de batatas fritas. O sr. I., dono de um bar por onde costuma passar grande fluxo de agências, contou que os turistas compram água, refrigerante e, eventualmente, almoçam em seu estabelecimento. "Os turistas dão uma ajuda nos lucros", reconheceu, mas a importância do turismo para ele reside em "tirar a impressão de lugar violento que a Rocinha tem". Estabelecimentos mais "exóticos" ao olhar estrangeiro, como a Loja de Produtos Naturais do Índio, costumam chamar atenção dos turistas, mas a parada e as negociações de venda irão depender da intermediação do guia. Vale reproduzir alguns trechos da entrevista que fizemos com o vendedor R. em novembro de 2006:

A gente tem intimidade com [nome do guia], ele sempre traz turista aqui. Tem uns [guias] meio preguiçosos, passam de carro dando adeus [...].
Geralmente eles [turistas] vêm à procura da mistura de guaraná, catuaba, ginseng [...]. O cara [guia] sempre está do lado deles, porque tem umas coisas que eles não entendem [...]. A gente passa [as informações] para o guia e o guia passa para eles [...]. Meu irmão [que trabalha na loja] também fala um pouquinho de inglês e de alemão [...]. Tinha um alemão que morava aqui [...] e ele ensinava alguma coisa para o meu irmão. Eu vou começar agora o curso de inglês e espanhol [...].
Teve uma vez que um argentino queria levar três quilos de guaraná em pó, então a gente tinha que fazer um preço para tentar agradar [...]. Aí chegou num ponto que ele achou caro e saiu. Depois, meia hora depois, os caras [turista e guia] voltaram [e disseram] "vai querer", "vai querer levar de novo". (*risos*)
Eles chegam aqui, ficam abismados [...] porque a Rocinha não pára: 24 horas, é 24 horas direto. Então eles ficam abismados de ver pessoas trabalhando, crianças na rua à vontade [...].
Tem uns que perguntam se podem tirar fotos [...]. Aquela ali mesmo (*aponta uma foto do irmão pendurada na parede*), foi um gringo que tirou dele [...]. Ele [o turista] mandou pelo correio e o guia entregou [para o irmão]. A gente geralmente encosta nas prateleiras [junto dos produtos] e eles tiram a foto.

Meu irmão gosta de tocar cavaquinho [...]. De vez em quando [...] não tem nada para fazer, ele pega e toca. Os clientes pedem, ficam aqui com a gente, cantam, aí tomam energético.

Quem frequenta mais nossa loja é a população, então quando eles [turistas] vêm, já vêm basicamente para somar. O que eles gastam com a gente é lucro, vai ajudar a comprar outras coisas, então quando eles vêm é bom. Mas quem mais frequenta a loja é a população mesmo.

Em dissertações de mestrado sobre a favela como destino turístico, tanto Deborah Dwek (2004) quanto Joseph Carter (2005) chegam a conclusões bastante semelhantes no que se refere ao impacto econômico do turismo para a população local. Dwek argumenta que o turismo na favela beneficia um número muito pequeno de moradores e mesmo estes se veem presos em uma relação de dependência que pressupõe a presença e a boa vontade dos turistas do Primeiro Mundo. A autora não parece se dar conta, porém, de que o estabelecimento de relações de dependência entre turistas e "nativos" é uma característica do turismo independentemente de onde este ocorra, e não uma exclusividade do turismo em favela. Carter (2005:98), por sua vez, admite:

O envolvimento mínimo da maioria das agências de turismo na favela foi realmente uma surpresa para mim. Mesmo os tours que contribuíam substancialmente para programas sociais decidiam quando e onde, assim como quanto iriam contribuir, sem considerar as necessidades da comunidade. As contribuições eram uma mistura curiosa e pareciam depender completamente dos caprichos do operador do tour. No final das contas, o turista desavisado fica com a impressão de que as agências estão muito envolvidas com as comunidades, o que não é o caso.

Até hoje, portanto, o turismo na Rocinha beneficia economicamente um segmento muito específico e minoritário, não promove uma distribuição efetiva de lucros e as agências de turismo raramente estabelecem qualquer diálogo com as instituições representativas da localidade. Ainda assim, a maioria de nossos entrevistados (83%) – mesmo sem ter nenhum ganho direto e significativo com o *business* – vê com simpatia a presença dos turistas, conforme mostra o gráfico abaixo.

Figura 1

O que você acha da presença dos turistas na Rocinha?

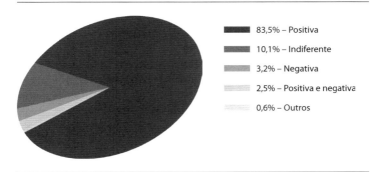

Fonte: *Bianca Freire-Medeiros*, 2008.

No conjunto de respostas que foram classificadas como "positivas e negativas" estão aquelas que apontam para uma avaliação positiva do turismo na favela como proposta, mas que se opõem à maneira como os tours têm sido operacionalizados na prática. Dito de outro modo, não rejeitam o turista, porém demandam um desenho alternativo aos passeios que vêm sendo feitos.

Eu acho um desperdício, porque poderia ser uma coisa muito melhor aproveitada para a comunidade de verdade. Eu vejo que beneficia somente uma ou outra pessoa, cobre um ou outro interesse e, embora tenha se modificado, continua sendo somente uma visitação, como ir no Jardim Botânico ou no museu. Só leva benefício para o interessado em conhecer e para quem organiza as excursões. Até o movimento que foi feito há algum tempo na comunidade, em relação à manufatura de bijuterias, obras de arte, até isso eu não vejo os turistas olhando. Eu não vejo aquela publicidade por parte de quem está trazendo [agências e guias] de ir lá mostrar a arte que acontece dentro da comunidade. Tem uns lugares que eu não vejo eles visitarem, como programas de assistência social. As coisas legais que acontecem ninguém visita: a Estação Futuro, aquele projeto "Desatando os nós", com as costureiras na Rua 1 [...]. O turismo aqui não me incomoda, não me diz nada, porque eu não posso dizer nada, mas me entristece um pouco. Uma boa oportunidade podia ser aproveitada e passa assim (R., 45 anos, professora do Ensino Fundamental).

É preciso levar em consideração que uma resposta classificada como "positiva" também traz consigo um escopo extremamente variado de justificativas imperceptíveis ao ouvido apressado. Essas justificativas podem estar baseadas, não há dúvida, em motivações econômicas que apontam para o ganho direto – ainda que pontual – atribuído à presença dos turistas. C., caixa de supermercado de 20 anos, relatou com um sorriso cúmplice: "Olha, eu acho até bom. Uma vez minha filha estava na porta da casa da minha sogra e passou um turista que deu a ela R$ 50,00, então eles ajudam assim [...] veem as crianças e dão dinheiro a elas". O barbeiro A., de 30 anos, também elaborou:

> Gera mais renda para a comunidade porque, a partir do momento em que chega um turista na comunidade, eles percorrem as vielas, os cantos, então, já geram renda para o mototáxi. Quem vende água já está ganhando dinheiro, [...] o artesão está ganhando dinheiro, as pessoas que têm bar vendem refrigerante, salgado, eles compram. Eu mesmo trabalho no ramo que corta cabelo e eles frequentam lá, eu tenho clientes italianos. É uma forma de gerar renda para dentro da comunidade. É uma coisa muito importante, muito interessante, que poderia se desenvolver mais, se fosse vista com mais carinho, mais responsabilidade.

As teorias econômica e sociológica clássicas insistiram no caráter instrumental do dinheiro e em sua função como meio universal de troca. O "vil metal" de Karl Marx seria um agente corruptor que, ao se colocar entre os seres humanos e seus objetos de desejo, "entre sua vida e os seus meios de vida", deformaria o que houvesse de intenções legítimas. Desde então, não têm sido poucos os cientistas sociais de diferentes filiações ideológicas que continuam a enfatizar a capacidade do dinheiro de transformar produtos, relações sociais e até mesmo sentimentos em um equivalente numérico. "Mas o dinheiro não é nem culturalmente neutro nem socialmente anônimo", argumenta com pertinência Vivian Zelizer (1994:18). A socióloga demonstra que "o dinheiro pode 'corromper' valores e converter laços sociais em números, mas valores e relações sociais reciprocamente transmutam o dinheiro investindo-o de significado e padrões sociais".

O dinheiro dado pelos turistas pode significar um ganho inesperado que, apesar de bem-vindo, sabe-se que com ele não se deve contar, como no caso de C. Para o jovem barbeiro, o dinheiro dos turistas é considerado algo bom tanto para ele quanto para toda a favela, ou seja, um benefício que deveria ser retribuído com mais "carinho" e "responsabilidade". Esse "benefício" pode vir ainda sob formas que não aquela do papel moeda. A proprietária de uma casa na área conhecida como Laboriaux relatou:

> Eles [os turistas] sobem na nossa laje [...] ficam lá fazendo filmagem, essas coisas [...]. Eles [os guias] pedem para o dono da casa, que é meu sogro, aí eles [turistas] ficam lá na laje. Eles pagam alguma coisa, se eles quiserem. Às vezes deixam uma lembrança [...]. Um já deixou uma máquina de fotografia, aquela de fotógrafo profissional mesmo. Lembranças [...].

O dinheiro sequer precisa ser ganho ou visto para funcionar como confirmação da boa vontade dos turistas: "se eles vêm, só pode ser para ajudar", sentenciou um morador acostumado ao trânsito das agências pela porta de sua casa. Outras vezes, "tirar um dinheiro" do turista pode ser experimentado como uma maneira de subverter a assimetria da relação. V., dona de casa de 23 anos, nos contou o seguinte episódio:

> Uma colega minha tem um bar que é muito pequeno. E o turista chegou [no bar] louco de vontade de usar o vaso, então ele deu R$ 50,00 só para usar o vaso! Isso eu achei maneiro! Acho engraçado eles agirem desse jeito [...]. Eles não têm noção! Pensa só: R$ 50,00 só para usar o vaso!!!

Se muitas vezes o interesse de ganho econômico, em seu sentido mais amplo, aparece como justificativa na fala dos moradores, outras tantas vezes, porém, ser a favor do turismo significa apostar no suposto contraestigma possibilitado pela visita dos estrangeiros. Depois de ver a favela com os próprios olhos, os turistas seriam capazes de desmistificar a imagem violenta insistentemente reiterada pelas elites e veiculada pelos meios de comunicação.

> [O turismo] é bom para mostrar que a Rocinha não é só violência, tiroteio. A Rocinha não tem só isso. Tem muita coisa boa, muitos projetos sociais, de arte e cultura, enfim, tem vários trabalhos sociais bons aí dentro da Rocinha [...].
> Eu já vi [os turistas] ajudarem a comunidade – queira ou não eles ajudam, diretamente ou indiretamente. Eles colocam os olhos dentro dessa comunidade (M., 28 anos, forneiro).

Contra as representações midiáticas e do senso comum que recorrentemente interpretam a favela acionando a "metáfora da guerra" (Leite, 2008), muitos moradores passam a evocar as representações dos turistas. A proximidade física entre visitantes e visitados que a prática turística na favela possibilita, a despeito de todas as suas limitações, é vista como capaz de fazer frente ao pacote interpretativo que aponta, por exemplo, para a existência de uma inevitável cumplicidade entre moradores de favela (especialmente os mais jovens) e criminosos.

> Acho superlegal isso [o turismo]. Mostra que é diferente da Rocinha que aparece na televisão, que a Rocinha não é um bicho de sete cabeças, por causa do tráfico e coisa assim. E os turistas estão aqui para diminuir isso, essa coisa de dizer que a Rocinha só tem tráfico. Dentro da comunidade tem cultura, tem muita coisa interessante e os turistas estão começando a observar isso. A Rocinha não é só tráfico, morte, essas coisas. É mais: arte, cultura, dança. Então isso os turistas estão aproveitando muito bem [...].

Espero que [...] não fiquem procurando essas coisas de tráfico. Espero que eles vejam os trabalhos. Lá na Rua 1, tem negócio de cursos e arte, tem as crianças lá pintando [...].

Isso é o que a gente espera deles: que quando eles voltarem ao local deles, mostrem isso, coisa boa da Rocinha e não coisa ruim (F., 22 anos, estudante).

Voltaremos a esse tema das políticas de representação e visibilidade mais adiante; por agora, sigamos com dona L. em seu roteiro:

Eu diria para eles fotografarem a miséria, a parte mais chocante, aquela que machuca.

Eu nunca fui fotografada por eles, mas se fosse, não me importaria. Uma lembrança da Rocinha para eles levarem? Eu insisto nessa parte: uma foto daquelas que machuca bem.

O que tem de melhor aqui na Rocinha é o povo e o comércio. O de pior [são] os excluídos, a miséria que tem aqui dentro [...].

Uma "foto daquelas que machuca bem", insistiu dona L. Ao examinar o papel da fotografia na construção das imagens de sofrimento como mercadoria e ao criticar a disseminação recorrente que banaliza a dor, Susan Sontag (2003:24) indaga: "Qual o sentido de exibir essas fotos? Para despertar indignação? Para nos sentirmos 'mal', ou seja, para consternar e entristecer?". Poderíamos fazer indagações semelhantes à nossa entrevistada, que sugere a conversão de fotografias da miséria em suvenires da Rocinha.

Sontag teme que a compaixão gerada naqueles que observam imagens de sofrimento seja, ao fim e ao cabo, indevida e fraudulenta. Seu pressuposto é que o principal (e talvez único) objetivo de tais imagens seja o de causar uma compaixão paralisante, sem qualquer consequência prática a não ser a de provocar o entorpecimento – "diante de um sofrimento tão grande, não há nada que eu possa fazer a não ser me conformar". Porém, será necessariamente assim? Serão a paralisia e o entorpecimento os únicos resultados práticos da compaixão?

A filósofa Martha Nussbaum (2001), na obra *Upheavals of thought: the intelligence of emotions*, discorda e argumenta que "as emoções são formas de julgamento": a oposição entre razão e emoção se baseia no falso pressuposto de que as emoções carecem de "estrutura cognitiva", estando, portanto, fora do registro racional. A autora está particularmente interessada no que ela identifica como "compaixão dentro dos limites da razão, compaixão aliada a uma razoável teoria ética".

Sentimentos de compaixão, sugere Nussbaum (2001:28), envolvem uma complexa série de julgamentos e encadeamentos lógicos. Dessa forma, quando ofereço compaixão à outra pessoa, estou inferindo não apenas que seu sofrimento e sua carência são profundos, mas igualmente imerecidos. É nesse sentido que a compaixão difere da piedade cuja premissa reside no pressuposto da culpa daquele que sofre. A compaixão que ofereço a outra pessoa repousa também na avaliação de que o sofrimento dela, de certa forma, viola minha própria dignidade humana – promover seu bem-estar torna-se, assim, crucial.

Avaliações de necessidade, responsabilidade e interdependência são julgamentos políticos, nos lembra Nussbaum. As limitações da compaixão – sempre imperfeita, parcial, instável, falível, desigual – devem-se em grande parte à nossa inabilidade de nos identificarmos com o outro, que está demasiadamente distante de nós. É a distância – física e simbólica – que coloca à compaixão o risco de ser transformada em piedade, cinismo ou desespero. A compaixão na vida pública pode, ao contrário, levar à solidariedade. Nussbaum evoca o filósofo Richard Rorty, para quem a solidariedade consiste em um esforço de generalização, de estender o sentido de "nós" às pessoas que antes julgávamos como "eles".

A sugestão de dona L. de que os turistas vejam de perto a miséria e o sofrimento existentes nas partes mais pobres da Rocinha, que os registrem em fotografia e que os levem consigo ganha uma outra dimensão a partir das ponderações de Nussbaum. A insistência em "uma foto que machuca bem" deixa de ser lida como um apelo sensacionalista e ganha outras possibilidades interpretativas.

Para Nussbaum (2001), a solidariedade não é um "princípio", não é uma "motivação moral" cuja cartilha de obrigações vem estabelecida desde sempre, mas o resultado de um investimento emocional que precisa ser insistentemente reconstruído na prática cotidiana. Não me parece equivocado ler no roteiro proposto por dona L. o desejo de fazer da Rocinha, pela revelação do que há ali de melhor e de pior, do que encanta e do que machuca, um outro não tão distante do turista.

Porém, diferente da proposta de nossa cicerone – e do previsto no roteiro dos líderes da União Pró-Melhoramentos dos Moradores da Rocinha (UPMMR), como se verá a seguir – a maioria dos moradores que entrevistamos não acha que as áreas mais pobres deveriam ser mostradas aos turistas. A bem da verdade, quando pedimos a eles que se colocassem na posição de guias turísticos, a maioria se mostrou bastante entusiasmada em divulgar o que considerava os aspectos mais positivos da favela: a vista, o comércio, os projetos sociais, a mata, o artesanato. Observe a figura a seguir.

Figura 2

Você levaria os turistas nas áreas mais pobres da Rocinha?

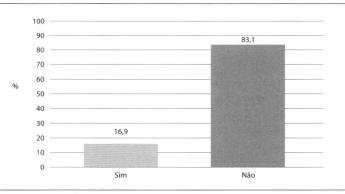

Fonte: *Bianca Freire-Medeiros*, 2008.

Aqui se revela um paradoxo interessante: apesar de compreenderem que os grandes atrativos da Rocinha como destino turístico são justamente a pobreza e a violência, o vasto contraste entre sua realidade cotidiana e aquela dos turistas, muitos não querem que os aspectos negativos — barracos precários, lixo, desorganização do espaço, violência — sejam os predicados associados à Rocinha turística. Vejamos alguns exemplos.

Na sua opinião, por que os turistas têm interesse em visitar a Rocinha?

- Porque a Rocinha é conhecida em todos os lugares, todo mundo fala da Rocinha. E a pessoa quando vem lá de fora, de outro país, tem interesse de conhecer as comunidades pobres daqui, do Rio de Janeiro e do Brasil, e ver como é que é. Porque bem ou mal, eles [os turistas] fazem uma comparação entre a comunidade deles e a nossa. Então eles querem ver a diferença. A curiosidade deles é essa (R., 25 anos, balconista).

- Porque lá fora a Rocinha é a comunidade mais falada, sobre guerra, essas coisas [...]. Eu acho que eles vêm comparar o cotidiano deles, eles que têm o poder aquisitivo maior que o nosso, ver essa diferença de classe (R., 42 anos, marceneiro).

- Eu acho que é para conhecer, né? É a curiosidade. É a mesma coisa que quando a gente vai viajar para Búzios [...]. A Rocinha é muito falada [...]. Tem muita coisa interessante aqui dentro da Rocinha, apesar de que favela o pessoal discrimina muito... Eu acho que é por isso que eles se interessam de vir conhecer. Não sei se lá no país onde eles moram tem favela. Aí eu acho que eles vêm por isso também (E., 27 anos, vigia).

Se você pudesse fazer o passeio com os turistas, como seria?

- Mostraria o que eu conheço aqui na Rocinha de positivo. Tem a Escola de Samba, tem a Casa da Paz que trabalha em prol da comunidade, tem a Associação e a paisagem também (A., 33 anos, operadora de telemarketing).

- Eu ia mostrar o movimento das artesãs, a Escola de Samba, as pessoas que fazem as fantasias, a orquestra das crianças, a escola de música. Tem uma fábrica de costureiras que fazem roupa para exportação, tem duas ONGs funcionando dentro da Rocinha, tem uma que atua no campo social e a outra no campo da dependência química, tem grupos de ajuda (S., 68 anos, aposentada).

- Tem muita coisa para mostrar. Tem a Casa de Cultura, tem essa área dos artesãos, depois da Rua 1, que dá visão da Gávea e da Lagoa, tem as *lan houses,* de onde as pessoas acessam a internet, tem a feira do Boiadeiro. Ia andar por alguns becos, levar em alguma rádio comunitária e trazer até aqui na TV ROC (C., 23 anos, atendente de telemarketing).

Obviamente, há quem acredite que é importante mostrar os "dois lados da moeda", como nos explicou a balconista M.: "Tem que mostrar a realidade da Rocinha, o cotidiano, as coisas boas e as coisas ruins. Tem casas que ainda são de pau a pique, barracos de madeira... Tem que mostrar tudo, tudo. O bom e o ruim". Vale notar que, mesmo nesses casos, a intenção não parece ser desagradar o turista ou agredi-lo, mas revelar a favela na sua complexidade. A fala de A. e seu esforço em compatibilizar os diferentes qualificativos da favela ilustram como os processos de geração da pobreza turística podem conduzir a novas formas de interpretar a identidade do local:

A Rocinha é imensa, existem muitos lugares bonitos. Perto do Laboriaux nós temos muitas cachoeiras, algumas represas, uma vista maravilhosa – de lá você pode ver a praia do Leblon, a praia de Ipanema, você vê as montanhas, vê a praia de São Conrado, toda a comunidade de cima para baixo. Levaria para conhecerem algumas figuras antigas da comunidade e algumas casas que ainda representam a Rocinha de 20 anos atrás. As pessoas que sobem na Rocinha têm que ver tudo, para ter uma noção de como é a vida [...]. Existe esse contraste, então é uma realidade que precisa ser revista [...] (A., barbeiro, 30 anos).

"Você vai encontrar aqui três tipos de morador", explicou uma liderança comunitária da Rocinha, apresentando uma classificação referenciada pelo suposto grau de conscientização e engajamento nos assuntos coletivos. No primeiro degrau, estariam os que trabalham o dia inteiro, "descem e sobem o morro e não se importam com nada que acontece na Rocinha". No segundo degrau, os artesãos que, por sua vez, estariam subdivididos em dois grupos: os que têm "conchavo com as agências e conseguem vender seus produtos para os gringos" e os que, por não fazerem "alianças duvidosas", ficam excluídos do *business*. No topo estariam as lideranças locais, o único grupo realmente preocupado com a "comunidade" e, portanto, capaz de criticar o trabalho das agências. Contrariando esse modelo explicativo, o fato de participar de alguma associação, de estar mais engajado na vida associativa da favela, não parece, pelo que pude avaliar a partir das entrevistas, levar a uma avaliação mais crítica do turismo ou do *modus operandi* das agências.

Para as lideranças comunitárias que se dispuseram a estabelecer uma interlocução com nossa equipe também não se trata de rejeitar o turismo, mas de fazer oposição à maneira como as agências em atuação na Rocinha têm explorado a localidade como destino turístico. Em uma longa entrevista que nos concedeu, assim como em declarações à imprensa, William de Oliveira, então presidente da UPMMR, sempre procurou deixar claro que não era contra a presença dos turistas, mas à forma de apresentar a favela e, sobretudo, se opunha à maneira como os lucros vêm sendo compartilhados: "Eles sobem no Cristo, pagam. Sobem no Pão de Açúcar, pagam. Sobem aqui, levam".

No verão de 2006, a UPMMR decidiu reverter esse quadro estabelecendo uma parceria com uma agência interessada em explorar o potencial turístico da Rocinha. Renê Melo, secretário de cultura da UPMMR à época, nos contou que um roteiro alternativo foi desenhado para garantir um "turismo verdadeiro": visitas guiadas por "jovens da comunidade" às casas dos moradores mais antigos, ao posto de saúde local e às áreas cujas condições de habitação são mais precárias. Assim, argumentou Renê:

> Turismo verdadeiro é aquele em que você não mexe na história da comunidade. Tem que contar a história verdadeira; como surgiu a Rocinha, em que ano foi fundada a primeira Associação [de Moradores], o número de habitantes [...]. Mas não basta só contar história. Tem que ter a participação da comunidade.

Ao final do passeio, na quadra da Escola de Samba, o turista receberia um "diploma de cidadão honorário da Rocinha" ao lado de passistas de carnaval e jovens jogando capoeira. Esse "roteiro de dentro" – que ironicamente seria muito mais "encenado" do que os tours que hoje são promovidos por agentes externos –, contava com o apoio verbal do então ministro da cultura Gilberto Gil e dos senadores Eduardo Suplicy e Saturnino Braga (este último prometera levar o projeto ao BNDES e pleitear financiamento). Folhetos chegaram a ser impressos, mas os passeios jamais se realizaram. Segundo Renê, a agência parceira, apesar de inicialmente disposta a encaminhar em conjunto a iniciativa, se mostrou desconfortável em negociar com o grupo de moradores locais e ainda descrente em sua capacidade de gerenciar o projeto.

Daniela Machado (2007), na pesquisa feita para sua dissertação de mestrado, também observa uma aceitação do turismo extremamente alta entre os moradores das localidades de Vila Canoas (sua referência empírica principal) e da Rocinha (seu contraponto). A autora sugere que os moradores, envolvidos ou não com o turismo de favela, percebem a atividade turística na comunidade de maneira positiva, embora partilhem da ideia de que não estão sendo criadas oportunidades de geração de renda significativa.

Em Vila Canoas, Machado (2007) identifica dois problemas principais com relação à maneira como o turismo vem sendo desenvolvido: o primeiro, de ordem organizacional, deve-se ao fato de os roteiros de visitação excluírem deliberadamente certos pontos de vendas de artesanato local; o segundo, de ordem estrutural, refere-se à distribuição dos benefícios econômicos. "O controle [da] atividade [turística] pela agência Favela Tour em parceria com a ONG [Para Ti]", argumenta a autora (2007:76), "faz com que o retorno econômico da sua exploração não seja quase significativo para as famílias envolvidas". Um ponto de destaque vai para o fato de que as pessoas mobilizadas pelo turismo em Vila Canoas não têm essa atividade como principal fonte de renda, ao contrário do que acontece na Rocinha.

Segundo a autora, em ambas as comunidades, alguns moradores consideram essa forma de turismo como "invasiva" e "desqualificadora"; outros acreditam que os turistas são "filantrópicos" e "conciliadores". Baseando-se em entrevistas com moradores das duas localidades, a autora sugere que eles não se mostram ofendidos com as atitudes preconceituosas dos turistas porque têm a ideia de que estes podem, ao concluir o passeio, ter outra imagem da favela. Ainda que na Rocinha o discurso de "resistência" seja mais contundente e que os moradores falem em sentimentos como vergonha e desrespeito, em ambos os casos, estaríamos diante de uma "posição de subalternidade social" dos moradores em relação aos turistas.

Embora um interesse diferenciado pelos valores comportamentais dos moradores possa ser visto como um esforço de "encontro" e valorização positiva da vida em comunidade, a forma autoritária e invasiva como este se dá deixa entrever a relação desigual e assimétrica a que estamos nos referindo neste trabalho. Esta assimetria, no entanto, nem sempre é percebida pelos moradores, bastante mais preocupados com as desigualdades das relações de poder que existem no interior da própria comunidade (Machado, 2007).

Incorrendo em petição de princípio, Machado faz coro aos que afirmam que o turismo na favela é necessariamente um "zoológico de pobre" e que os favelados, se aceitam a presença estrangeira, é porque ainda não entenderam o caráter degradante dessa situação. Aqui há pelos menos duas pressuposições subjacentes: a primeira é que tanto turistas quanto favelados constituem grupos homogêneos; a segunda é que, diferente dos turistas e de nós, representantes dos chamados segmentos esclarecidos, os favelados são destituídos de reflexividade, da capacidade de pensar de forma crítica sobre a própria situação, da competência de articulação interpretativa do real.

Há também um argumento sobreposto: cabe a nós, elite ilustrada, defender os favelados desses turistas desalmados e voyeuristas que os veem como animais em jaulas. Talvez a dificuldade esteja em aceitarmos o quinhão que nos cabe desse latifúndio: quando os moradores da Rocinha identificam como principal característica positiva do turismo na favela a visibilidade e a produção de contraestigmas, está sendo posta uma recusa à invisibilidade e aos estigmas que nós, sociedade brasileira, ajudamos a produzir ao longo desses cem anos de favela.

"A comunidade não ignora o turista", observou Toninho, guia de turismo e morador da Rocinha. "Até tentam interagir — *'hello, man! how are you?'* (*risos*) —, tentam até contar um pouco sua história, mas tem a barreira da língua... Os moradores não ignoram o turista, ignoram é como a coisa toda funciona". Mas quem, entre os participantes desse cenário, de fato sabe "como a coisa toda funciona"? Pelo que pudemos examinar no capítulo anterior, certamente não são os turistas, os quais desconhecem, por exemplo, que o dinheiro pago pelo passeio não é revertido diretamente para a localidade. As agências? Na opinião dos guias com quem conversamos, bem como dos vendedores de suvenires, os donos das agências, salvo raras exceções, estão preocupados com a gerência de seus negócios e nada mais.

Os guias, então? Tampouco, me parece. Ainda que ocupem uma posição estratégica e detenham informações que lhes são confidenciadas pelos vários envolvidos, não constituem um grupo em si. A maior parte sequer sabe nomear mais do que meia dúzia de colegas com quem trabalham na Rocinha diariamente. Serão, talvez, a pesquisadora e sua equipe? Longe disso! A situação vivida em um dos primeiros tours dos quais participamos e que foi registrada no diário de campo da pesquisadora Juliana Farias é emblemática:

> Logo nesse início da subida, ficam umas barracas vendendo camisetas, artesanato, produtos feitos através da reciclagem de materiais. O guia faz propaganda dos produtos enquanto aponta as casas pintadas nos quadros à mostra e explica: "agora eles [os favelados da Rocinha] têm água, porque ali [na época registrada pelo pintor] não tinham". Quando a gente chegou nessas barracas, um outro grupo de turistas já estava lá e a mulherada toda comprava as bijuterias by Rocinha [...]. Depois entramos num pequeno prédio e subimos alguns lances de escada até chegar

no terraço. Subimos um atrás do outro. Fábio, que era o penúltimo da fila (atrás dele só o garoto que parecia morar ali) contou que, quando a gente subiu, perguntaram para o garoto: "Quem está aí?", e o garoto respondeu: "Não é gringo não!". E o diálogo continuou: "Ué, mas se não é gringo é o quê, então?"

Eu e minha equipe, por mais que tenhamos feito uma rede de contatos, por mais que tenhamos sido acolhidos, sempre fomos vistos como "outra coisa": nem população local nem gringo. A inquietação do menino e de seu interlocutor diante de nossa presença naquela laje no verão de 2005 se repetiu várias e várias vezes, assim como nós jamais deixamos de nos surpreender com a intensidade e a velocidade com que o campo da favela turística continuamente se renova. Uma dessas surpresas ficou por conta da revelação de que a maior parte dos moradores desconhecia o fato de as agências cobrarem pelos passeios à Rocinha (76% dos entrevistados). Mesmo os que sabiam que se tratava de uma visita paga, raramente tinham ideia de quanto era cobrado.

Nós, pesquisadores, nos vimos na situação de ter de interferir na realidade pesquisada, revelando aos entrevistados a quantia cobrada aos turistas, ao que muitos reagiram com indignação: "Ah, é assim?! Eu também queria ter um emprego desses [...]. Para eu ganhar até que está barato, agora para eu pagar está caro". Outros, como o balconista R. de 25 anos, propuseram um valor completamente inflacionado: "Acho que eu cobraria bem. Assim, uns R$ 500,00 de cada um [...]. Isso que elas [as agências] cobram é pouco".

No entanto, 70% dos entrevistados responderam, assim como dona L., que não cobrariam nada pelo passeio. "Não, não sou de cobrar a ninguém", respondeu I., empregada doméstica de 49 anos. E justificou: "É algo que se faz por amor e o amor não tem preço. Faria o passeio com todo gosto, levaria para passear, para conhecer a Rocinha, faria com o maior prazer". M., de 28 anos, que trabalha como forneiro, concordou:

> Eu não cobraria nada. Faria na maior boa vontade, sem cobrar nada. Os turistas [mexicanos] que vieram para cá uma vez me ofereceram dinheiro e eu disse "não quero, não quero". E eu fiquei "amarradão" dos caras conhecerem a comunidade onde eu fui criado, onde eu vivo [...].
>
> As agências cobram? Eu não sei. Eles devem ter os gastos deles também, né? Então eu não posso dizer se está caro, se está barato. Eu faria de graça, sem cobrar nada.

Respostas como essas nos levam a pensar que os agentes turísticos atuantes na Rocinha talvez tenham razão quando dizem que um dos grandes atrativos da favela é a afetividade de seus moradores. Vale recordar que a cordialidade do povo brasileiro, na voz oficial, aparece como basilar na promoção do Brasil como destino turístico. O então ministro do Turismo, Walfrido Mares Guia (apud Serson, 2006:45), certificava que "o turista que vem ao Brasil fica impressionado com a cortesia e alegria do povo brasileiro e esses são fatores que fomentam sua satisfação com a viagem e seu desejo de regressar".

Lembro-me, então, do diálogo que presenciei entre duas turistas chilenas em visita à Rocinha em fevereiro de 2006. A primeira disse, referindo-se a uma creche que acabáramos de visitar: "Eu ficaria feliz trabalhando ali". A amiga observou: "Mas você poderia fazer esse tipo de trabalho nas *poblaciones* de Santiago". "É, eu sei, mas não seria a mesma coisa. Aqui, eles [as crianças ou os favelados em geral?] são muito mais afetuosos, mais sorridentes". Assim, vemos que, na produção da favela como atração turística, o mesmo ideário secular que atribui à pobreza brasileira uma dimensão estética e um bom humor estrutural é acionado igualmente por turistas, agentes promotores e residentes.

Todas as vezes que eu e minha equipe participamos dos tours, crianças e adultos foram extremamente receptivos aos turistas, acenando com entusiasmo e arriscando algumas palavras em inglês. Obviamente, não estou negando a relação de iniquidade entre os turistas do Primeiro Mundo e os moradores, mas é importante perceber que os favelados não são elementos passivos do olhar curioso do visitante e que as hierarquias de poder não lhes passam despercebidas.

> Olha, eu acho que, se for para falar bem, tudo bem, é bom, seria uma coisa de mostrar a gente lá fora. Mas eu não posso nem responder essa pergunta [qual a opinião sobre o turismo] porque eu não sei o que eles falam lá fora, o que eles veem aqui, eu não sei! Eu nunca ouvi comentários deles lá fora, mas se eles estiverem falando coisa boa é bom, que cresça cada dia mais, mas se estiver falando coisa ruim, melhor parar por aqui. A gente não vai lá para voltar falando mal. Eu nunca nem fui lá onde eles moram! Não tenho nem condições! (T., 28 anos, recepcionista)

Nos passeios que acompanhamos, nunca deixamos de presenciar algum momento em que a vitrine se invertia e que os turistas passavam a ser a atração dos moradores. Muitas vezes, adultos e crianças fazem comentários jocosos sobre as roupas e os cabelos dos visitantes: "olha lá o modelito dele!"; "essa daí está pronta para o safári". Um turista loiro é saudado com um "fala aí, David Beckham!", enquanto uma jovem indiana é apelidada de Beyoncé. "Eu fico zoando porque eu não sei falar a língua deles", justifica uma garotinha de 11 anos. Outras tantas vezes, aos turistas são atribuídas qualidades infantis: "eles têm a linguinha enroladinha, uma gra-

Gringo na laje

ça!"; "eu adoro ver quando eles passam em dia de chuva, com aquelas capinhas amarelas, tudo parecendo uns pintinhos". Posturas percebidas como intrusivas são revidadas com veemência, como nos relatou a guia Tininha:

> O turismo na favela é um pouco invasivo sim, sabe? Porque você anda naquelas ruelas apertadas e as pessoas deixam as janelas abertas [...]. E tem turista que não tem "desconfiômetro" – mete o carão dentro da casa das pessoas! Isso é realmente desagradável. Já aconteceu, não comigo, mas com outra guia [...]. A moradora estava cozinhando e o fogão dela era do lado da janelinha; o turista passou, meteu a mão pela janela e abriu a tampa da panela. Ela ficou uma fera! Aí fez assim (*bateu na mão dele*)!

As ações mal-educadas dos turistas não precisam ser tão explícitas quanto no caso narrado acima para provocar reações de crítica e desconforto por parte dos moradores. Em um dos passeios que acompanhei, uma turista, ao atravessar uma das inúmeras vielas em que o esgoto corre aberto, tampou o nariz. Duas moradoras que conversavam com a porta da casa aberta fizeram questão de mostrar sua censura ao comportamento da turista, balançando a cabeça negativamente. A visitante, constrangida, sussurou um "sorry" que não passou inaudível às moradoras.

Zigmunt Bauman (1993) argumenta que o cheiro é essencialmente subversivo: como não pode ser banido, revela a artificialidade da Modernidade e de seu grande projeto de criar uma ordem pura e racional. Um cheiro ruim, como o identificado pela turista, nos faz lembrar que o mundo não pode ser totalmente controlado, assim como nossas reações espontâneas ao que considera ofensivo o nariz acostumado aos espaços sanitarizados dos shopping centers. É interessante notar que são pouquíssimos os relatos que fazem referência ao cheiro da favela, em um contraste significativo com a profusão de imagens visuais do lixo e das valas.

Ainda no início da década de 1930, Walter Benjamin observava que a fotografia havia conseguido transformar até mesmo a pobreza abjeta, ao registrá-la de acordo com a voga, em um objeto de apreciação. Se a apreensão visual por meio da fotografia permite um redirecionamento estético das imagens da pobreza, o mesmo procedimento não se dá com seus odores. O cheiro da vala, do esgoto a céu aberto, do lixo exposto ao sol não se presta tão facilmente a essa estetização, não pode ser domado – ou se fala dele ou se silencia.

Fotografias, obviamente, também podem silenciar. No caso da favela turística que os visitantes constroem por meio de seus registros fotográficos, praticamente desaparecem do cenário os sinais da modernidade tão presentes na Rocinha. Dificilmente são postadas nos blogs e fotologs dos turistas, por exemplo, fotografias das duas agências bancárias, das lojas de eletrodomésticos ou dos pontos de venda de telefones celulares que proliferam na localidade e para os quais invariavelmente os guias direcionam o olhar durante os passeios. Essas e outras "desatenções" dos turistas não são ignoradas pelos moradores. A fala abaixo é um ótimo exemplo. S. tem 18 anos e foi morar na parte baixa da Rocinha ainda adolescente. Já trabalhou como balconista, mas estava desempregada à época da entrevista:

> Eu vejo turistas desde que eu cheguei aqui na Rocinha [...]. Eu acho que para o guia eles devem trazer alguma coisa [de bom], mas para a gente, não. Ontem mesmo [...] a moto em que eu estava ia batendo porque eles [os turistas] pararam na nossa frente e ficaram lá, estacionados. Então engarrafa, acontece um monte de coisas quando o carro deles [das agências] fica parado no

meio do caminho. Ninguém fala nada porque a gente acha que traz alguma coisa para a gente aqui. Eles compram besteira, tipo feirinha, cordão, mas acho que nunca doaram nada não [...].

Eu acho que não, não é maneiro não. Porque eles só ficam tirando foto de coisas que não têm nada a ver. Eu já vi um tirando foto de uma lixeira. Já vi outro tirando foto de um barraco que tem lá para cima no Cesário [...].

Às vezes é até bom, tudo bem, porque o lugar que a gente mora é visitado, mas também é um pouco chato. A gente fica até com vergonha porque eles vão mostrar lá no país deles que a Rocinha é suja, é nojenta, sei lá.

Quando perguntamos por que os turistas têm interesse em visitar a Rocinha, S. reagiu com indignação:

Ahhh, é isso que eu me pergunto!!! O Rio de Janeiro [é] tão bonito, [existe] tanto lugar para eles irem, tanto lugar, praia! Gente, é muito lugar! É cada lugar mais bonito que o outro. Por que eles vêm justo para a Rocinha, uma favela, uma comunidade? Gente, está na cara que é para sair falando! Acho que mal, né? Porque nada a ver!!!

As queixas da jovem S., por mais debochado que pudesse lhe ser o tom, fazem emergir um mundo relacional. Ajudam-nos a perceber as várias gradações possíveis entre os extremos do "ser a favor" ou "ser contra" o turismo na favela. Desconfiar das intenções dos turistas ou se aborrecer com determinados comportamentos não significa necessariamente lhes ser hostil. "Eles já me fotografaram", S. lembra sorrindo. "Uma vez, eu e minha colega, a gente estava abraçadas, a gente mandou tchau para eles e eles perguntaram se podiam fotografar. Aí a gente mandou beijo e eles fotografaram!"

Descobrimos, então, que se trata de fato de um contínuo, e não de uma dicotomia organizada em polos distantes. Moradores, turistas, guias, pesquisadores e outros mais estamos todos constantemente negociando e renegociando uma nova gramática cuja pretensão é acomodar, no território da favela turística, emoções e dinheiro, intimidade e atividade econômica, lazer e pobreza, diversão e comiseração. Como me disse o motoboy H.,

> [...] morador não é otário, a gente está ligado na intenção de vocês [pesquisadores? gringos? guias? visitantes em geral?], a gente sabe que a galera vem aqui para se divertir, mas também para ver o barraquinho, para ver o bandidão.

Entre a esfera pública como espaço de crítica livre dos constrangimentos da igreja e da corte, descrita pelo filósofo Jurgen Habermas, e a opressão completa e brutal da voz subalterna, há as "zonas de contato" de que nos fala Mary Louise Pratt (1992:21). São "[...] espaços sociais onde culturas díspares se encontram, se chocam, se entrelaçam uma com a outra, frequentemente em relações extremamente assimétricas de dominação e subordinação", de onde paradoxalmente emergem possibilidades outras de representação de si e do outro.

Pensar a favela que é "inventada" pelo turismo como uma zona de contato permite-nos entendê-la como território físico e simbólico no qual camadas discursivas se acomodam em múltiplas representações: representações sobre a favela e seus habitantes formuladas pelos turistas, representações dos turistas formuladas pelos moradores, representações da favela formuladas pelos moradores para os turistas – em uma espiral contínua de representações.

Capítulo 6

Obrigada e volte sempre!

Logo no início de nosso passeio, chamamos a atenção para o fato de que as obras do PAC na Rocinha incluem ações que supostamente incrementariam o turismo na localidade, como converter moradias em hospedagem. Por conta dessa proposta, os principais veículos de comunicação no Brasil voltaram a incluir o tema da favela como atração turística em suas pautas editoriais.

O Estado de S. Paulo, por exemplo, realizou uma matéria com o interrogativo título "O turismo em favelas deve ser incentivado?" No dia 4 de fevereiro de 2007, o jornal divulgou, na coluna "A questão é", a opinião de especialistas (eu, inclusive) sobre o tema e o resultado da enquete. Do universo de leitores que se dispôs a participar, apenas 21,13% disseram que o turismo na favela deveria ser incentivado, enquanto a grande maioria (78,87%) se posicionou contra a iniciativa. Essa oposição foi ilustrada por alguns comentários breves, porém muito eloquentes. Vale reproduzirmos, a seguir, alguns trechos.

Não deve ser incentivado este tipo de turismo por se tratar de uma ocupação irregular e, portanto, ilegal. Isso sem contar os perigos do tráfico de drogas. Acho um absurdo o governo querer ganhar mais dinheiro mostrando ao mundo uma face de nosso país que não deveria nem existir (Marcos, Curitiba, PR).

Turismo em favela é uma espécie de "sadomasoquismo" em relação à miséria alheia (nesse caso a nossa)... (Suely, Les Mureaux, França).

A insanidade chega ao seu extremo. Não quero externar nenhuma forma de preconceito ou exclusão, mas quais são as reais garantias de segurança que os governantes podem oferecer a essa ousada aventura? (Sérgio Luiz, Osasco, SP).

Não, porque destrói a imagem do país. Não consigo perceber o que poderíamos ganhar com isso. Temos muitas coisas bonitas e alegres para mostrar. Turismo social é uma roubada que nos leva a perder dinheiro (Alexandre, São Paulo, SP).

Por exportar mais esta imagem de submundo para os turistas cheirosos, dotados de equipamentos de última geração, filmarem e fotografarem esta mazela social. Isso deveria ser motivo de vergonha e não de exploração. Deixem essas pessoas em paz! (Renato, São Paulo, SP).

Transformar pobreza em atração turística é falta de respeito com o favelado. Pousada então é uma aberração! Um projeto que lute pela não existência de favelas e favelados é que seria digno de todos os louvores (Nelson, Lençóis Paulista, SP).

É institucionalizar a miséria. Praticamente colocar os pobres em jaulas para observação de quem ser que seja. Isso é indecente! (Ângela, São Paulo, SP).

Já é um absurdo os governantes municipais incentivarem, por sua patente omissão, a criação e o crescimento de bolsões de miséria, onde imperam condições subumanas de vida. Mais triste ainda seria expor os moradores dessas regiões à visitação pública, como animais (Sérgio, Cotia, SP).

Indecente, insano, arriscado, desrespeitoso, inumano, aberrante – assim, o turismo na favela vem sendo percebido não apenas por esses leitores de *O Estado de S. Paulo*, mas por muitos de nós brasileiros. A reprodução desses comentários aqui não pretende, por certo, estabelecer generalizações, mas sugeri-los como indícios do choque cognitivo que o par *favela e turismo* ainda provoca – isso depois de mais de uma década de atividades turísticas na Rocinha. Como podemos explicar essa rejeição tão exaltada, por parte dos segmentos médios, da favela turística? Parece-me que uma pequena digressão histórica se faz necessária.

Em sua origem, as favelas cariocas remetem às demolições dos cortiços do centro da cidade, que levaram à ocupação ilegal dos morros no final do século XIX e início do século XX. Ao prefeito Pereira Passos e sua elite, os cortiços não pareciam condizer com um Rio de Janeiro ao qual cabia ser o "cartão-postal da República", como bem sugere o historiador José Murilo de Carvalho (1987). Licia Valladares reconta o que aconteceu após essa batalha contra os cortiços:

Foi despertado o interesse pela favela [...], o mais recente território da pobreza. De início, tal interesse voltou-se para uma determinada favela que catalisa todas as atenções. É o Morro da Favela, já existente com o nome de Morro da Previdência, que entra para a história através de sua ligação com a guerra de Canudos cujos antigos combatentes ali se instalaram [...]. O Morro da Favela, pouco a pouco, passou a estender sua denominação a qualquer conjunto de barracos aglomerados sem traçado de ruas nem acesso aos serviços públicos, sobre terrenos públicos ou privados invadidos (Valladares, 2005:26).

O substantivo *favela* foi gradativamente assumindo conotações variadas que funcionam como antônimos de cidade e de tudo que modernamente se lhe atribui, quer para o bem, quer para o mal. Por um lado, às favelas faltariam ordem urbana, higiene, ética do trabalho, progresso e civilidade; por outro, seriam repositórios da autenticidade, espontaneidade, dos laços afetivos e da solidariedade. No processo, como observa o sociólogo Marcelo Burgos (2004), a categoria *favelado* também foi sendo pouco a pouco requalificada, tornando-se abrangente a ponto de se colocar como identidade coletiva dos marginalizados. Incorpora-se ao vocabulário corrente o verbo *favelizar*, fazendo com que a *favela* aos poucos se emancipe de sua conotação original. Se antes estava presa à descrição do espaço, passa a assumir um significado que remete a uma dimensão cultural e psicológica, a um tipo de subjetividade particular, ou seja, a do *favelado* – homem construído pela socialização em um espaço marcado pela ausência dos referenciais da cidade.

Sabe-se que hoje aproximadamente 28% da população brasileira reside em áreas reconhecidas como favelas, geralmente situadas em médias e grandes cidades do país. As projeções demográficas, feitas pelo Instituto Brasileiro de Geografia e Estatística (IBGE), apontam para uma população de 55 milhões de brasileiros vivendo em favelas no ano 2020.

A favela alcançou enorme visibilidade acadêmica – Licia Valladares e Lídia Medeiros (2005) catalogaram nada menos que 668 títulos circunscritos às favelas do Rio de Janeiro –

e midiática e há, sem dúvida, muitos agentes sociais preocupados em desconstruir estigmas. Sabemos dos diversos programas sociais e das inúmeras intervenções urbanísticas, bem como dos incansáveis esforços de lideranças e dos moradores de favela no sentido de reformular sua imagem por meio de iniciativas as mais variadas (do Afro Reggae ao Museu da Maré). Apesar de todas essas iniciativas, sobre os ombros de quem vive nas favelas continuam pesando velhos – e novos – preconceitos. A segregação e a estigmatização da pobreza aprofundam as percepções negativas das favelas e de seus habitantes, em uma reedição contemporânea do "mito das classes perigosas", colado à pobreza em geral e à favela e seus jovens em particular, que passam a ser vistos respectivamente como espaços por natureza violentos e potenciais criminosos.

A associação entre *favela e violência*, bastante antiga no imaginário social, adquire contornos mais espessos a partir do final dos anos 1980. Os antropólogos Alba Zaluar e Marcos Alvito (2003:15) indicam que, a partir de então, ocorreu uma profunda transformação não só na vida dos favelados, mas principalmente, no discurso sobre as favelas.

> Com a chegada do tráfico de cocaína em toda a cidade, a favela – onde quadrilhas se armaram para vender no mesmo comércio que movimentava o resto da cidade e do país – passou a ser representada como covil de bandidos, zona franca do crime, hábitat natural das "classes perigosas". Por extensão, assim o Rio de Janeiro passou a ser visto da mesma maneira na mídia e no imaginário das pessoas do vasto território nacional.

Márcia Leite (2000:74) resgata esse percurso por meio do qual não apenas a mídia carioca, mas também a brasileira e a estrangeira passaram a trabalhar com as metáforas da "cidade partida" e da "guerra". Essas metáforas eram acionadas no intuito de tornar o Rio de Janeiro, onde era supostamente encenada "uma oposição quase irreconciliável entre as classes médias e abastadas e a população moradora nas favelas espalhadas nos morros e subúrbios da cidade e em sua periferia", minimamente inteligível. Como efeito perverso, argumenta a socióloga, reforçaram-se "os nexos simbólicos que territorializavam a pobreza e a marginalidade nas favelas cariocas". Vistas como regiões problemas, áreas proibidas, circuitos "selvagens" da cidade, espaços de privação e de abandono, as favelas emergem no senso comum e no discurso da mídia de massa, como lugares temidos e a serem evitados, vistos como plenos de violência, vícios e desintegração social. E se é assim, como poderia a ideia de uma *favela turística* ser vista com bons olhos? Como aceitar que a favela, tida como sinônimo máximo da pobreza e da violência, tenha se colado à imagem do Brasil no exterior?

O drama social tem um enredo sempre mais complicado do que supomos de início. A favela que o turismo inventa não é rejeitada apenas pelos que confiam nesses estereótipos profundamente negativos sobre as favelas e suas populações. Como algumas falas publicadas pelo jornal *O Estado de S. Paulo* deixam perceber, há os que acreditam que favelados não devem ser expostos ao olhar estrangeiro não porque não são dignos dessa exposição, mas justamente porque a exposição lhes fere a dignidade.

Nas várias oportunidades que tive de apresentar minha pesquisa, jamais faltaram vozes encolerizadas, em português e em outros idiomas, às quais o turismo na favela soava absolutamente ofensivo à decência e à privacidade dos moradores. Como vimos no capítulo quatro, vários turistas que fizeram o passeio pela favela admitem que rejeitaram a ideia de início justamente por questões éticas e que precisaram ser "convencidos" por terceiros da legitimidade do tour.

Reflexões acadêmicas sobre o tema do turismo na favela ainda são escassas, o que reforça a reprodução de percepções de senso comum, usualmente reativas ao mal-estar que a associação entre dinheiro e moral, lazer e miséria provoca. Mas, quer se goste ou não, o fato é que a Rocinha turística é um negócio rentável para as agências de turismo envolvidas, um destino cobiçado pelos estrangeiros e uma realidade cotidiana para seus moradores. Pensar sobre a pobreza turística exige, portanto, a superação das duas posturas extremas: tanto a que aposta em sua promoção como saída parcial ou total para os males das localidades em desvantagem econômica, quanto a que resta importância à suposta imoralidade inscrita na comercialização da pobreza pela via do turismo e prefere ignorar sua existência.

Daniela Schilcher (2007), em um balanço crítico da prática do chamado *pro-poor tourism* em diferentes partes do mundo, argumenta que há um paradoxo próprio ao turismo em áreas pobres: por um lado, trata-se de uma atividade que, ao ressaltar a potencialidade de exploração de "inesperados" e novos atrativos, combina bem com interpretações neoliberais do alívio à pobreza; por outro, quando num ambiente de livre mercado, o turismo tende justamente a agravar as desigualdades que reforçam a pobreza nesses territórios.

A partir de dados de pesquisas atuais sobre o combate à pobreza, Schilcher defende que, para ser de fato "pró-pobre", as práticas turísticas teriam que conferir benefícios desproporcionais aos mais carentes. A autora conclui que estratégias para reforçar a igualdade por meio do repasse de benefícios aos pobres pela via do turismo dificilmente serão levadas adiante devido a limitações próprias à ideologia neoliberal e à "ortodoxia do Banco Mundial". Abordagens mais radicais, como a regulamentação e distribuição dos lucros gerados com o turismo, estão fadadas a permanecer predominantemente retóricas.

Schilcher (2007) tem razão quando identifica grande afinidade entre o turismo e a ideologia neoliberal, pois as práticas turísticas tendem a florescer em ambientes econômicos abertos que facilitam a livre movimentação de capital, trabalho e consumidores. De fato, conforme afirma Néstor Canclini (2003), o neoliberalismo celebra toda a diferença que é capaz de mercantilizar, de tornar palatável ao gosto do consumidor. É próprio da lógica neoliberal fazer da diferença um "festival exótico" (o que significa, na maioria das vezes, reconhecer o sujeito dessa diferença como objeto) e não há dúvidas de que o turismo fornece uma excelente oportunidade para esse tipo de encenação.

A autora parece-me equivocada, porém, quando sugere como saída para os males do turismo de pobreza "instituições fortes, capazes de regular a indústria do turismo e distribuir bens" (Schilcher, 2007:38). Por tudo que foi dito ao longo deste livro, vemos que os dramas vividos entre vários atores sociais presentes na cena ultrapassam, em muito, questões que possam ser simplesmente deliberadas por uma ou mais instâncias superiores e supostamente neutras. As interações sociais encenadas na favela turística não podem ser explicadas se referidas apenas a categorias abstratas como *pobre*, *turista*, *agência de turismo*, *poder público*, *capital*. A complexidade dos dilemas e expectativas que a favela turística encerra apareceu com nitidez na fala de um morador da Rocinha entrevistado por Palloma Menezes (2007).

Gringo na laje

Acho que os turistas deveriam visitar os lugares mais pobres e mais sujos da favela, porque às vezes eles só passam pelos lugares mais ricos, mais bonitos e até mais limpos. Mas se eles fossem lá para a Roupa Suja, onde o pessoal é mais necessitado, talvez eles pudessem se inspirar em limpar o lugar, talvez alguém se interessasse em ajudar mais os moradores [...]. Alguém poderia trazer dinheiro, consertar um cano. Isso iria beneficiar a galera lá, porque ia incentivar os moradores a consertar as casas, tirar a lama, tirar o lixo. O poder público ia olhar mais para aquela gente. O passeio não seria só para mostrar a vista, mas para mostrar a realidade (Menezes, 2007:98).

Na fala do morador se coloca um encadeamento de responsabilidades entre turistas, moradores das áreas mais pobres e poder público. Tal encadeamento, provocado pelo turismo, supõe que visitantes, inspirados pela visão da pobreza degradante, partiriam para uma ação que beneficiaria o local; que moradores, percebendo a presença dos turistas, passariam a cuidar melhor de suas casas e do entorno; que o poder público, incentivado pelas ações de turistas e moradores, passaria a prestar a atenção devida à localidade. A questão do morador não é se o turismo na favela deveria ou não existir, mas sim como os passeios poderiam ser conduzidos e que comportamentos seriam motivados.

Em diferentes oportunidades, o sociólogo Georg Simmel insistiu na ideia de que a sociedade "como tal" era uma ilusão acionada para dar conta de um movimento contínuo de indivíduos que vivem para o outro, com o outro ou contra o outro. Parafraseando Simmel, poderíamos dizer que não há favela turística "como tal", mas dinâmicas de aproximação e afastamento entre diferentes atores sociais – gringos, guias, moradores, artesãos, comerciantes, mídia, pesquisadores, entre tantos mais – que se encontram em um cenário cuja existência não se deve nem à busca do autêntico (como quer Dean MacCannell), nem à busca do exótico (como sugere John Urry), mas ao anseio por um "encontro autêntico" com uma "comunidade exótica".

Favelado, *guia*, *gringo* não são apenas identidades que os atores sociais trazem *para* a favela turística, mas identidades que são construídas *por meio* da favela turística. Essas identidades são constituídas, observadas e julgadas, não apenas exibidas. Todos têm uma opinião sobre as atitudes dos demais, ainda que sejam opiniões contraditórias e baseadas em suposições.

Nesse sentido, é possível afirmar que a favela turística é composta, em grande parte, de uma série de idealizações: turistas idealizam os favelados, que podem ser vistos como "guardiões" dos valores autênticos e do que "realmente importa", mas também como "coitados" e "miseráveis"; moradores idealizam os turistas, considerados ao mesmo tempo "generosos" e "solidários", mas também "rudes" e "sem noção"; agências idealizam tanto turistas quanto moradores e, com base nessas idealizações, traçam seus roteiros, respondem a demandas e intermediam conflitos. Todos procuram – cada um a partir do lugar que ocupa – criar regras de interação provocando a formulação coletiva de uma gramática de sociabilidades que é cotidianamente atualizada. Constrangimentos, mal-entendidos, conflitos e disputas, à medida mesmo em que acontecem, vão sendo incorporados à tal gramática de interações ou como nova regra ou como exceção a regras existentes.

E chega ao final nosso passeio pela favela turística. Talvez o leitor se veja agora frustrado, carente de um arremate definitivo. Mas, como Arjun Appadurai (1996) sugere, ao

Gringo na laje

O contraste entre "favela" e "asfalto" fotografado a partir da laje.
Bianca Freire-Medeiros, 2008

longo de sua vida social, assim como nós, as mercadorias passam por fases históricas repletas de tensão e de desvios. Não há como saber que caminhos ainda irá percorrer a mercadoria *pobreza turística*, nem no Rio de Janeiro, nem em Soweto, nem em Mumbai, nem em qualquer outra parte. Não cabe a mim senão apontar e defender a rentabilidade de um modelo explicativo sempre plástico capaz de acomodar a favela turística com todas as suas contradições.

Uma experiência tão polimorfa em seu cotidiano e tão desafiadora do ponto de vista teórico não aceita conclusões resistentes ao tempo, mas para que não digam que estou me esquivando, encerro sustentando então dois pontos. O primeiro parece-me óbvio, mas insistirei ainda assim: o turismo de pobreza não é culpado pela miséria e pela desigualdade, ainda que se alimente delas. O segundo diz respeito ao que salta aos olhos, mas que temos dificuldade de admitir: malgrado os dilemas éticos e práticos envolvidos em sua construção, circulação e consumo, a favela turística não é avaliada como algo imoral por nenhum dos atores sociais envolvidos, o que não significa, de modo algum, que conflitos morais lhes sejam estranhos. Não pretendi, por certo, realizar uma reconstrução exaustiva de tudo o que nos foi dito por guias, proprietários de agências, turistas ou moradores da Rocinha ao longo da pesquisa, mas acredito ter reunido elementos suficientes para convencer da pertinência dessa afirmação.

Despeço-me reproduzindo o recado que a jovem Cristina Ferraz postou no dia 12 junho de 2008 (em um espanhol perfeito, diga-se de passagem) como resposta à matéria sobre turismo na favela que Hernán Zin publicara em seu blog Viaje a la guerra:

Bom dia!
Sou brasileira, do Rio de Janeiro, formada em Turismo. Na época [em que foi criado o turismo em favela], eu fazia um curso de guia local no Senac. Moradora de um bairro pobre (uma favela do Complexo do Alemão), estudando com pessoas de diferentes classes sociais, escutei muitas opiniões difíceis no dia em que o professor abordou esse tema durante a aula.

Mas o ponto principal que faz as pessoas discordarem (os que discordam) é: "Por que temos que mostrar o ruim?". E o outro – e esse me preocupa: "E se começa um tiroteio justamente quando estes turistas estiverem fazendo o tour?", "E se acontece alguma coisa com eles?"

Contudo, deixando esse perigo de lado, acredito que a ideia é fantástica, não para fazer da pobreza das pessoas um motivo de diversão dos outros (que também questionam isso), mas fazer com que o mundo veja que há algo para mudar e que fazendo esse tour também estará contribuindo para que a comunidade vá para frente. Nesses lugares há muita violência, não nego, ainda que me machuque. Mas a criatividade é enorme. Pessoas que pintam, que dançam, que atuam, que com uma simples lata de suco, uma agulha e um pedaço de linha fazem uns modelitos maravilhosos.

Poderia continuar falando e falando, mas só diria coisas que acredito que a maioria já saiba sobre o Brasil. Então, só digo que me orgulho de ser brasileira e sonho com dias melhores para minha gente.

Beijinhos para vocês!!!

Referências

ANDERSON, N. The slum: a project for study. *Social forces: International Journal of Social Research*, Chapel Hill: The University of North Carolina Press, v. 7, p. 87-90, 1928.

APPADURAI, A. *The social live of things:* commodities in cultural perspective. Cambridge: Cambridge University Press, 1996.

BADIOU, A. *Pequeno manual de inestética*. São Paulo: Estação Liberdade, 2002.

BARRETTO, M. O imprescindível aporte das ciências sociais para o planejamento e a compreensão do turismo. *Horizontes Antropológicos*, Porto Alegre: Ed. UFRGS, v. 9, n. 20, 2003.

BAUMAN, Z. *Postmodern ethics*. Hoboken: Blackwell Publishing, 1993.

_____. *Community:* seeking safety in an insecure world. Cambridge: Polity, 2001.

BENJAMIM, W. Pequena história da fotografia. In: _____. [1931] *Obras Escolhidas*. Magia e técnica, arte e política. São Paulo: Brasiliense, 1994.

BOTTON, A. *A arte de viajar*. Trad. Waldéa Barcellos. Rio de Janeiro: Rocco, 2000.

BOURDIEU, P. *A distinção:* crítica social do julgamento. São Paulo: Edusp / Porto Alegre: Zouk, 2007.

BURGOS, M. Dos parques proletários ao favela-bairro: as políticas nas favelas do Rio de Janeiro. In: ZALUAR, A.; ALVITO, M. (orgs.). *Um século de favela*. 4. ed., Rio de Janeiro: Ed. FGV, 2004.

CAMUS, A. [1978] *Diário de viagem*. Rio de Janeiro/São Paulo: Record, 2004.

CANCLINI, N. G. *Consumidores e cidadãos:* conflitos multiculturais da globalização. Trad. Maurício Santana Dias e Javier Rapp. Rio de Janeiro: Ed. UFRJ, 1999.

_____. *A globalização imaginada*. Trad. Sérgio Molina. São Paulo: Iluminuras, 2003.

CARNEIRO, S.; FREIRE-MEDEIROS, B. Antropologia, religião e turismo: múltiplas interfaces. *Religião & Sociedade*, Porto Alegre: Sulina, v. 24, n. 2, p. 100-125, 2004.

CARTER, J. *An outsider's view of Rocinha and its people*. M. A. Dissertation, University of Texas at Austin, 2005.

CASAIS, J. *Un turista en el Brasil*. Rio de Janeiro: Livraria Kosmos, 1940.

CLIFFORD, J. Notes on travel and theory. In: CLIFFORD, J. *Inscriptions*. Cambridge (Mass.): Harvard University Press, 1989. p. 177-188.

_____. *Routes*. Travel and translation in the late twentieth century. Cambridge (Mass.): Harvard University Press, 1997.

COHEN, E. Authenticity and commoditisation in tourism. *Annals of Tourism Research*, London: Routledge, v. 15, n. 3, p. 371-386, 1988.

CRANG, P. Performing the tourist product. In: ROJEKL, C.; URRY, J. (orgs.). *Touring cultures:* transformations of travel and theory. London/New York: Routledge, 1997.

CRAWSHAW, C.; URRY, J. Tourism and the photographic eye. *Touring cultures:* transformations of travel and theory. London/New York: Routledge, 1997. p. 176-195.

DEBORD, G. *A sociedade do espetáculo*. São Paulo: Coletivo Periferia, 2003.

DWEK, D. *Favela tourism:* innocent fascination or inevitable exploitation? M. A. Dissertation. University of Leeds, 2004.

FEATHERSTONE, M. *Cultura de consumo e pós-modernismo*. São Paulo: Studio Nobel, v. 27, n. 1, p. 203-224, 1995.

FREIRE FILHO, J. Mídia, estereótipo e representação das minorias. *Eco Pós*. Rio de Janeiro: Pós-Graduação em Comunicação e Cultura, UFRJ, v. 7, n. 2, p. 45-65, ago./dez. 2004.

FREIRE-MEDEIROS, B. A favela que se vê e que se vende: reflexões e polêmicas em torno de um destino turístico. *Revista Brasileira de Ciências Sociais*, São Paulo, v. 22, p. 61-72, 2007a.

_____. A favela e seus trânsitos turísticos. *Revista do Observatório de Inovação do Turismo*, Rio de Janeiro: Ed. FGV, v. II, p. 2, 2007b.

_____. Caridade ou curiosidade? Uma história cultural da assistência aos pobres na Londres vitoriana. *Estudos Históricos*, Rio de Janeiro, n. 40, p. 176-180, jul./dez. 2007c.

FREIRE-MEDEIROS, B.; CASTRO, C. A cidade e seus souvenires: o Rio de Janeiro para o turista ter. *Revista Brasileira de Pesquisa em Turismo* (RBTur), Associação Nacional de Pesquisa e Pós-Graduação em Turismo (ANPTUR), v. 1, p. 2, 2007.

GALANI-MOUTAFI, V. The self and the other: traveler, ethnographer, tourist. *Annals of Tourism Research*, volume 27, issue 1, p. 203-224, Jan. 2000.

GIBSON, H. *Rio*. New York/Doubleday: Doran, 1940.

GIDDENS, A. *The consequences of modernity*. Stanford: Stanford University Press, 1991.

HABERMAS, J. *The structural transformation of the public sphere*. Cambridge: Polity Press, 1994.

HALNON, K. B. Poor chic: the rational consumption of poverty. *Current Sociology*, London: Thousand Oaks, v. 50, n. 4, p. 501-516, 2002.

JAGUARIBE, B.; HETHERINGTON, K. Favela tours: indistinct and maples representations of the real in Rio de Janeiro. In: SHELLER, M.; URRY, J. (eds.). *Mobile technologies of the city*. London/New York: Routledge, 2006.

JAMES, H. *Princess Casamassima*. London: Penguin, 1977.

KATZMAN, R. *Aislamiento social de los pobres urbanos:* reflexiones sobre la naturaleza, determinantes y consecuencias. Buenos Aires: Siempro/Unesco, 2000.

KOVEN, S. *Slumming:* sexual and social politics in Victorian London. Princeton/Oxford: Princeton University Press, 2004.

LASH, S.; URRY, J. *Economies of signs and space*. London: Sage, 1994.

LEA, J. P. *Tourism and development in the Third World*. London/New York: Routledge, 1988.

LEITÃO, D. K. Nós, os outros: construção do exótico e consumo de moda brasileira na França. *Horizontes Antropológicos*, Porto Alegre: Programa de Pós-Graduação em Antropologia Social – IFCH (UFRGS), v. 13, n. 28, p. 203-230, dez. 2007.

LEITE, M. P. Entre o individualismo e a solidariedade: dilemas da política e da cidadania no Rio de Janeiro. *Revista Brasileira de Ciências Sociais*, Anpocs, v. 15, n. 44, p.73-90, 2000.

_____. *Para além da metáfora da guerra:* violência, cidadania, religião e ação coletiva no Rio de Janeiro. São Paulo: Attar Editorial/CNPq – Pronex Movimentos Religiosos no Mundo Contemporâneo, 2008.

LEU, L. Fantasia e fetiche: consumindo o Brasil na Inglaterra. *Eco-Pós*. Rio de Janeiro: Pós-Graduação em Comunicação e Cultura, UFRJ, v. 7, n. 2, p. 13-72, ago./dez.2004.

LINS, P. *Cidade de Deus*. São Paulo: Companhia das Letras, 1997.

MABOGANE, M.; CALLAGHAN, R. *Swinging safaris in Soweto*. 2002. Disponível em: <www.mg.co/za/mg/africa/soweto.html>. Acesso em: 22 set. 2008.

MACCANNELL, D. [1976]. *The tourist:* a new theory of the leisure class. New York: Shocken, 1992.

MACHADO, D. S. *Turismo de favela e desenvolvimento sustentável:* um estudo do turismo de favela no bairro de Vila Canoa, zona sul do Rio de Janeiro. Rio de Janeiro: Pontifícia Universidade Católica (PUC-RJ), 2007. (Dissertação de Mestrado.)

MACHADO DA SILVA, L. A. Violência e sociabilidade: tendências da atual conjuntura urbana no Brasil. In: QUEIROZ Ribeiro, L. C.; SANTOS JR, O. A. (orgs.) *Globalização, fragmentação e reforma urbana*. Rio de Janeiro: Civilização Brasileira, 1994.

MARX, K. [1867]. *O capital. Livro I.* v. 1. Trad. Reginaldo Sant'Anna. São Paulo, 1984.

MENEZES, P. *Gringos e câmeras na favela da Rocinha*. Rio de Janeiro: Universidade do Estado do Rio de Janeiro (UERJ), 2007. (Monografia de Bacharelado.)

NUSSBAUM, M. C. *Upheavals of thought:* the intelligence of emotions. Cambridge University Press, 2001.

PHILLIPS, T. *Brazil:* how favelas went chic. 2003. Disponível em: <www.brazzil.com/2003/html/news/articles/dec03/p105dec03.htm>. Acesso em: 12 abr. 2007.

PRATT, M. L. *Imperial eyes*. London/New York: Routledge, 1992.

RAMCHANDER, P. Soweto set to lure tourists. In: BENNETT, A.; GEORGE, R. (eds.). *South African travel and tourism cases*. Pretoria: Van Schaik, 2007.

RINGER, G. Introduction. In: _____. (ed.). *Destinations:* cultural landscapes of tourism. London/New York: Routledge, 1988.

ROJEK, C. *Decentring leisure:* rethinking leisure theory (Published in association with Theory, Culture & Society). London: Sage, 1995.

SALAZAR, N. B. Developmental tourists vs. Development tourism: a case study. In: RAJ, Aparna (ed.). *Tourist behaviour:* a psychological perspective. New Delhi: Kanishka Publishers, p. 85-107.

SARAVI, G. Segregación urbana y espacio público: los jóvenes en enclaves de pobreza estructural. *Revista de La Cepal*, Santiago: Cepal, v. 83, p. 33-48, ago. 2004.

SCHILCHER, D. Growth versus equity: the continuum of pro-poor tourism and neoliberal governance. *Current Issues in Tourism*, volume 10, issue 2 & 3, London/New York: Routledge, 2007. p. 166-193.

SCHWARBAUM, L. *Roo the day* (D.). Entertainment Weekly (USA), p. 77, 24 jan. 2003.

SENNETT, R. *O declínio do homem público:* tiranias da intimidade. São Paulo: Companhia das Letras, 1988.

SERSON, P. *A experiência turística na favela da Rocinha:* estudo de caso. São Paulo: Universidade de São Paulo (USP), 2006. (Monografia de Bacharelado.)

SHIELDS, R. *Places on the margin:* alternative geographies of modernity. London: Routledge, 1991.

SONTAG, S. *Diante da dor dos outros*. São Paulo: Companhia das Letras, 2003.

SOUZA, P. L. *Em busca da autoestima:* interseções entre gênero, raça e classe na trajetória do grupo Melanina. Rio de Janeiro: Universidade Federal do Rio de Janeiro (UFRJ), 2006 (Dissertação de Mestrado).

STRAIN, E. *Public places, private journeys:* ethnography, entertainment, and the tourist gaze. Piscataway: Rutgers University Press, 2007.

SWANSON, K. Tourists' and retailers' perceptions of souvenirs. *Journal of Vacation Marketing*, London: Sage, v.10, p. 363-377, 2004.

TARLOW, P. Dark tourism: the appealing "dark" side of tourism and more. In: NOVELLI, M. (ed.). *Niche tourism:* contemporary issues, trends, and cases. Amsterdam: Elsevier, 2005.

TAYLOR, J. Authenticity and sincerity in tourism. *Annals of Tourism Research*, v. 28, n. 1, p. 7-26, 2000.

TODOROV, T. *The conquest of America*. The question of the other. Norman: University of California Press, 1984.

URRY, J. *Consuming places*. London: Roudglege, 1995.

_____. Sensing the city. In: JUDD, D. R.; FAINSTEIN, S. S. *The tourist city*. New Haven/London: Yale UP, 1999.

_____. *Mobilities*. Cambridge: Polity, 2007.

VALLADARES, L. *A invenção da favela:* do mito de origem a favela.com. Rio de Janeiro: Ed. FGV, 2005.

VALLADARES, L. P.; MEDEIROS, L. *Pensando as favelas do Rio de Janeiro*. Rio de Janeiro: Relume Dumará, 2003.

WILLIAMS, C. *From Quarto de Despejo to Favela Chic:* the fascination of the favela. Paper presented at ILAS Conference, 2003.

YOUNG, Robert. *Colonial desire:* hybridity in theory, culture and race. London/New York: Routledge, 1995.

ZELIZER, V. *The social meaning of money*. Pin money, paychecks, poor relief and other currencies. New York: Basic Books, 1994.

_____. *The purchase of intimacy*. Princeton/Oxford: Princeton University Press, 2005.

Artigos em periódicos

"O turismo em favelas deve ser incentivado?"
Reportagem do dia 4 de fevereiro de 2007, publicada no jornal *O Estado de S. Paulo* na sessão "Aliás/a questão é".

"O 'tour da realidade': uma nova tendência do turismo mundial"
Reportagem do dia 8 de novembro de 2006, divulgada no site de notícias da UOL

Disponível em:
<http://noticias.uol.com.br/economia/ultnot/afp/2006/11/08/ult35u50176.jhtm>

Sites

www.dark-tourism.org.uk

www.favelinha.com

www.globalexchange.org

www.joburg.org.za/Soweto/index.stm

Sites das agências de turismo atuantes na Rocinha

www.bealocal.com

www.exotictours.com.br

www.favelatour.com.br

www.foresttour.com.br

www.indianajungle.com.br

www.jeeptour.com.br

www.privatetours.com.br

www.rioadventures.com

Filmes, videoclipes e telenovelas

Cidade de Deus. BRA, 2002. Produção: Videofilmes e O2 Filmes.
Direção: Fernando Meirelles. Elenco: Matheus Nachtergaele, Seu Jorge, Alexandre Rodrigues, Leandro Firmino da Hora, Roberta Rodrigues, Phellipe Haagensen, Jonathan Haagensen, entre outros.

Cidade dos Homens. BRA, 2007. Produção: O2 filmes, Globo Filmes, Fox Film e Petrobras.
Direção: Paulo Morelli. Elenco principal: Darlan Cunha, Douglas Silva, Rodrigo dos Santos, Camila Monteiro, Naíma Silva, Eduardo BR, Luciano Vidigal e Vinicius Oliveira.

Duas caras. BRA, 2007/2008. Rede Globo.
Direção: Wolf Maia. Elenco: Dalton Vigh, Marjorie Estiano, Lázaro Ramos, Antônio Fagundes, Débora Falabella, entre outros.

Favela Rising. EUA/BRA, 2005. Produção: Sidetrack Films, Stealth Creations e VOY Pictures.
Direção: Jeff Zimbalist e Matt Mochary. Elenco: Jonathan Haagensen, Marcos Suzano, Leandro Firmino, Andre Luis Azevedo, Jose Junior, Michele Moraes, Anderson Sa, Zuenir Ventura.

Meu amor brasileiro (*Latin lovers*). EUA, 1953.
Direção: Marvyn LeRoy. Elenco: Lana Turner, Ricardo Montalban, John Lund, Louis Colhern, Jean Hagen, Eduard Franz, Rita Moreno, Beulch Bondi, Joaquim Garay.

No limite – Primeira edição. BRA, 2000. Rede Globo.
Direção: J. B. de Oliveira (Boninho). Apresentação e reportagem: Zeca Camargo.

O incrível Hulk (*The incredible Hulk*). EUA, 2008. Produção: Marvel Enterprises e Valhalla Motion Pictures.
Direção: Louis Leterrier. Elenco: Edward Norton, Liv Tyler, Tim Roth, Tim Blake Nelson, Ty Burrell, William Hurt, Christina Cabot, Peter Mensah, Lou Ferrigno, Paul Soles, Débora Nascimento, Robert Downey Jr., Stan Lee.

O jardineiro fiel (*The constant gardner*). EUA, co-produção de Reino Unido, Alemanha e Quênia, 2005. Produção: Focus Features, Scion Films Limited, Potboiler Productions Ltd.
Direção: Fernando Meirelles. Elenco principal: Bill Nighy, Daniele Harford, Danny Huston, Gerard McSorley, Hubert Koundé, Pernilla August, Rachel Weisz, Ralph Fiennes, Richard McCabe.

Gringo na laje

O mega-star Michael Jackson, 1996. Produção: TV Comunitária Santa Marta.

They don't care about us. EUA, 1996. Produção: MJJ Productions Inc. Brasil.
Direção: Spike Lee.

Tropa de elite. BRA, 2007. Produção: Zazen Produções.
Direção: José Padilha. Elenco: Wagner Moura, Caio Junqueira, André Ramiro, Milhem Cortaz, Fernanda de Freitas, Fernanda Machado, Thelmo Fernandes, Maria Ribeiro, entre outros.

Vidas opostas. BRA, 2006/2007. TV Record.
Direção: Alexandre Avancini e Edgard Miranda. Elenco: Maytê Piragibe, Léo Rosa, Marcelo Serrado, Lavínia Vlasak, Lucinha Lins, Heitor Martinez, entre outros.

Voando para o Rio (*Flying down to Rio*). EUA, 1933. Produção: RKO Radio Pictures.
Direção: Thornton Freeland. Elenco: Dolores del Rio, Gene Raymond, Raul Roulien, Ginger Rogers, Fred Astaire, Blanche Friderici, Walter Walker, Etta Moten, Roy D'Arcy, Maurice Black, Armand Kaliz, Paul Porcasi, Reginald Barlow, Eric Blore, Luis Alberni.

Impressão e Acabamento
Imprinta Express Gráfica e Editora Ltda.
Tel – 021 3977-2666
e-mail.: comercial@imprintaexpress.com.br
Rio de Janeiro – Brasil